作者 赵明华近照

Measuring the Heart of My Motherland

# 去丈量祖国

赵明华　著

Billson International Ltd.

Published by
**Billson International Ltd**
27 Old Gloucester Street
London
WC1N 3AX
Tel:(852)95619525

Website:www.billson.cn
E-mail address:cs@billson.cn

First published 2025

Produced by Billson International Ltd
CDPF/01

ISBN 978-1-80377-163-2


©Hebei Zhongban Culture Development Co.,Ltd All rights reserved.

The original content within this product remains the property of Hebei Zhongban Culture Development Co.,Ltd, and cannot be reproduced without prior permission. Updates and derivative works of the original content remain the property of Hebei Zhongban. and are provided by Hebei Zhongban Culture Development Co.,Ltd.

The authors and publisher have made every attempt to ensure that the information contained in this book is complete, accurate and true at the time of printing. You are invited to provide feedback of any errors, omissions and suggestions for improvement.

Every attempt has been made to acknowledge copyright. However, should any infringement have occurred, the publisher invites copyright owners to contact the address below.

Hebei Zhongban Culture Development Co.,Ltd
Wanda Office Building B, 215 Jianhua South Street, Yuhua District, Shijiazhuang City, Hebei province, 2207

# 丈量山河，探寻灵魂
## ——《去丈量祖国》的诗意之旅

在中国文学史上，徐霞客以其《徐霞客游记》成为千古传颂的"游圣"。他以脚步丈量山河，以笔墨记录风物，不仅为后世留下了珍贵的地理文献，更以其坚韧不拔的探索精神和对自然的热爱，成为无数后来者的精神楷模。而当代诗人赵明华的《去丈量祖国》，则以其诗意的笔触，延续了徐霞客的精神血脉，将行走与书写融为一体，成为新时代的"诗行游记"。

读赵明华的诗，如同漫步在广袤的祖国大地上，时而驻足于山川河流之间，时而徜徉于历史与现实的交汇处。他的《去丈量祖国》不仅是一部诗集的名称，更是一种精神的象征，一种对祖国山河的深情丈量与心灵探寻。赵明华的诗，既有对历史的深沉回望，也有对现实的敏锐捕捉；既有对自然的热爱，也有对人文的关怀。他的诗行间，流淌着对祖国的深情厚谊，也饱含着对生活的细腻观察与深刻思考。

赵明华的诗，首先打动人心的是他对祖国山河的深情描绘。他对祖国山河的钟情，不仅是对自然风光的赞美，更是对民族文化与历史记忆的深情眷恋。山河在他的笔下成为了民族精神的象征与历史记忆的载体。他对历史文化的敬重，则体现在对西柏坡、雄村等历史文化地标的诗意重生中，先辈的精神在他的诗作中得以薪火相传。他的诗作如同一幅幅画卷，徐徐展开，带领读者从西柏坡的红色记忆，到新疆石河子的戈壁绿洲；从安徽徽派古村的静谧，到广西柳州山水的灵秀。每一处风景，都在他的笔下焕发出独特的光彩。他不仅描绘了山河的壮丽，更通过细腻的笔触，赋予了这些风景以情感与灵魂。在西柏坡组诗中，他写道："血泊中，最后的奋战，战场上，最后的冲锋，城楼上，最后的呼喊"，寥寥数语，便将历史的厚重与先辈的英勇展现得淋漓尽致。而在新疆石河子的诗篇中，他则通过"戈壁变良田，荒原成棉区"的描绘，展现了时代的奋斗精神与建设者的豪情壮志。赵明华的诗，不仅是对祖国山河的赞美，更是对历史的致敬与对时代的讴歌。

  赵明华的诗，还充满了对生活的热爱与对自然的敬畏。他的诗作中，常常可以看到对日常生活的细腻观察与对自然万象的深刻感悟。无论是街头巷尾的邻里家常，还是自然天地的风云变幻，都能在他的笔下化作诗意的泉涌。他写邻居家的狗丢了，"每次狗出门，嗅我家的门槛，还留个印迹，圈个地盘"，将平凡生活中的小插曲赋予了人间烟火的生动气息。而在描写自然时，他则通过"初春的雨，像欠了一个冬季，一倾而下""枫叶红得那么短暂而飘扬，叶瓣的绚丽，即是情怀，也是境界"等诗句，将自然的变幻与生命的哲思融为一体。赵明华的诗，充满了对生活的热爱与对世界的好奇，正是这种赤子之心与童真慧眼,使他的诗作充满了清新活力与深邃内涵。

赵明华的诗歌不仅关注自然与生活,还充满了对人类命运的深刻关怀与对社会议题的敏锐思索。他的诗作中,常常可以看到对底层人民的同情。例如,在《院子》一诗中,他写道:"家徒四壁,老宅半倾,多少次,他把泪水化成雨,多少次,他把欲望化为蝶",描绘了一个贫困家庭的艰难生活,展现了诗人对底层人民的深切关怀。而在《邻居家的狗丢了》中,他通过"狗再也没回来,会不会去远方,邻居落寞的身影,二指间多了支烟"的描写,折射出城市化进程中人与自然的疏离与孤独感。赵明华的诗,不仅是对个体命运的关怀,更是对整个社会现实的深刻反思。他通过诗意的表达,揭示了现代社会中人与人、人与自然之间的复杂关系,呼唤着一种更加和谐、温暖的社会氛围。

从艺术风格上看,赵明华的诗语言质朴平实,却充满了张力与深意。他摒弃了华丽辞藻的堆砌,以简洁的白描勾勒出万象的生动。他写《七月雨》时,用"七月的雨,狂虐人间,也狂虐我焦虑向往的北方"这样简洁有力的语言,将自然的力量与内心的情感融为一体,展现了诗人对自然的敬畏与对生活的深刻感悟。而在《瀑布》一诗中,他写道:"天际,直泻两条瀑布,罕见地交织,在崖壁的鹅卵石中,在水雾腾跃半空中",通过细腻的描写,将瀑布的壮丽与自然的鬼斧神工展现得淋漓尽致。赵明华的诗,语言简练却意蕴深远,常常通过寥寥数语,便能勾勒出一幅幅生动的画面,引发读者的无限遐想。他的诗作，既有古典诗歌的含蓄与凝练，又有现代诗歌的自由与灵动，形成了独特的艺术风格。

从《徐霞客游记》到赵明华的《去丈量祖国》，我们看到的不仅是对山河的丈量，更是对精神的传承。徐霞客以脚步丈量大地，赵明华以诗行丈量祖国，二者虽形式不同，却都展现了对自然的热爱、对生活的探索与对家国的深情。赵明华的《去丈量祖国》，以其真挚的情感、广阔的视野、灵动的灵感、深厚的传统根基、独特的艺术风格与高尚的精神追求，在当代诗坛独树一帜。他的诗作不仅是对祖国山河的深情丈量，更是对灵魂归处的探寻。他以笔为桨，于诗海扬帆，带领读者穿梭于岁月长河与广袤大地之间，感受着情感的澎湃、生命的律动与家国的温度。

邹　辉

2025 年 1 月 15 日

# 目 录

## 2021 年写的诗 / 001

初心 / 002

西柏坡组诗 / 003

崇礼 / 006

七月雨 / 007

瀑布 / 008

徽戏 / 009

写给海子 / 010

航步村 / 011

那山·那村 / 012

院子 / 013

雄村 / 014

致樟树 / 015

渡口 / 016

春光里 / 017

堰遇 / 018

十四行:大田 / 019

十四行:小镇故事多 / 020

半黑半白说小镇 / 021

斑斑驳驳的阳光 / 022

火车开过合肥 / 023

坟 / 025

## 2020 年写的诗　/ 027

惊蛰　/ 028

逃亡　/ 029

我祈祷　/ 030

二月的胡子　/ 031

邻居家的狗丢了　/ 032

二个男人在抽烟　/ 033

寂寞了　/ 034

岸　/ 035

舞　/ 036

如花在野　/ 037

繁体字　/ 038

吟柳江　/ 039

秋日私语　/ 040

致柳公　/ 041

野花　/ 042

我去大山　/ 043

远方的呼喊　/ 044

我的九月　/ 045

给我一把雨伞　/ 046

约定　/ 047

文惠桥边　/ 048

鱼峰路　/ 049

我不说，我不问　/ 050

一场盛宴　/ 051

那个下午　/ 052

枫叶　/ 053

枫林之下　/ 054

碱厂　/ 055

美好是短暂的 / 056

忙碌 / 057

致我的生日 / 058

我在烟盒上写诗 / 059

空白 / 060

晚,正八点 / 061

我在横店写诗 / 062

818 / 063

八月的樟树下 / 064

横店 / 065

传奇 / 066

来晚了 / 067

还有那一缕炊烟 / 068

片段 / 069

涸 / 070

车站 / 071

桃村 / 072

来来去去 / 073

人,去远方 / 074

听者 / 075

在远去的火车上 / 076

一棵枣树的命运 / 077

烧香 / 078

秋日意象 / 079

在正午 / 080

这样 / 081

行走的背包 / 082

没舍得踹它 / 083

风,吹过你的村庄 / 084

畅　/ 085

我们都在腐朽　/ 086

没有手机信号的日子　/ 087

漂泊　/ 088

秋，只是一个过度　/ 089

零点上车　/ 090

十月乘高铁　/ 091

洗澡　/ 092

## 2019年写的诗　/ 093

忙　/ 094

半个脸　/ 095

鱼，在远方　/ 096

哦，十二月　/ 097

舍取　/ 098

下雨时，我叹息　/ 099

秋的思考　/ 100

我从你的城市走过　/ 101

晃了　/ 102

我的火车　/ 103

樱花　/ 104

曾想　/ 105

石河子·兵团　/ 106

诗　/ 107

有一个黄昏　/ 108

等不来的雪　/ 109

胡杨林　/ 110

天山　/ 111

天池　/ 112

布尔津　/ 113

半坡　/ 114

之美　/ 115

夏天，还有些冷　/ 116

六月　/ 117

想念上海　/ 118

赶路　/ 120

秋在前，冬在后　/ 121

十月，我的生日　/ 123

十四行：花谢了　/ 124

惜福　/ 125

无题　/ 126

趔趄　/ 127

清晨　/ 128

绕个大圈　/ 129

这个时候　/ 130

十四行：魂　/ 131

十四行：望　/ 132

一日　/ 133

醉在他乡　/ 135

太行山的雨　/ 136

如果可以　/ 137

讲了又讲　/ 138

给远方　/ 139

疲倦了　/ 140

太行山　/ 141

现实　/ 142

飘坠　/ 143

下雨了，我还出门　/ 144

深秋　/ 145

独白　/ 146

## 2018 年写的诗　/ 147

我在大巴车上　/ 148

湖畔　/ 150

逛街　/ 151

季节　/ 152

二月　/ 153

安息　/ 154

摸到了三月　/ 155

有那么一天　/ 156

青灯之下　/ 157

想活着　/ 158

清明　/ 159

无题　/ 161

秋　/ 162

只留月色　/ 163

生命的醒　/ 164

稻田　/ 165

出　/ 166

秋天的晚上　/ 167

这些年　/ 168

果　/ 169

飞鸟　/ 170

下半夜　/ 171

雾，笼罩了我　/ 172

蒲公英　/ 173

稻谷　/ 174

面对大海 / 175

背影 / 176

一院阳光 / 177

清香 / 178

樱花 / 179

哭,这个秋天 / 180

远行 / 181

潮 / 182

汽车在黄土高坡上行驶 / 183

向日葵 / 184

山谷 / 185

## 2017年写的诗 / 187

车站 / 188

奔跑 / 189

不再年轻 / 190

多穿点 / 191

千山 / 192

力量 / 193

涩口 / 194

远方 / 195

在你的城市 / 196

希望有雨 / 197

去陌生的城市 / 198

片刻 / 199

十四行:小友 / 200

水落远方 / 201

五月的海 / 202

云水谣 / 203

雨 / 204
荔枝树王 / 205
荔枝树 / 206
今夜有暴风雨 / 207
神木香樟树 / 208
我在树下坐坐 / 209
起风的黄昏 / 210
男人也逛街 / 211
晚霞 / 213
湿润的秋天 / 214
稻田 / 215
盛夏，敞开吃 / 216
只是现在 / 217
我在泾县逛书店 / 219
漫步泾县 / 220
喧哗 / 222
不想诱惑 / 223
问题，即刻没了 / 224
凤阳的午后 / 225
留在今天 / 226
再见，定远 / 228
欢喜之夜 / 229
下雨的窗外 / 231

## 2016 年写的诗 / 233

梅 / 234
一个人的旅行 / 235
于是，我拍照 / 236
后来 / 237

踏青 / 238

还魂 / 239

禅 / 241

女子四重奏 / 243

伤痛 / 245

忙碌 / 247

乡愁 / 248

在你的城市奔跑 / 249

我的新衣是红旗 / 250

股票 / 253

街边坐坐 / 255

## 2015 年之前写的诗 / 257

井冈山（组诗） / 258

长春雕像 / 262

祖国 / 263

背影 / 265

别忘了！纪念 / 267

家乡的黄泥路 / 268

雷锋，你在哪？ / 269

村庄 / 271

沙山 / 272

黄河畅想 / 273

记忆拉萨 / 275

你的背影 / 276

当经幡飘扬 / 277

妈妈，您 60 岁呵 / 279

行走 / 281

有一种幸福叫感恩 / 283

# 2021 年写的诗

作者 2016 年在中国福建泉州永春

## 初心

人,最会淡忘
就是初心
生活富足了,精神富裕了
本,也随之渐行渐远

初心之本源
从原出发点,回首有多难
起步追赶
是胜利召唤,牢记多不易

使命,不仅仅赋予
更是清朗地奋进
更是不懈地攀登

　　　　　河北石家庄西柏坡

# 西柏坡组诗

**声音**

有一种声音
在天宇，在大地
回荡，传承的远去

血泊中，最后的奋战
战场上，最后的冲锋
城楼上，最后的呼喊

这声音，久久不熄
这声音，世代永存

**魂**

即使倒在血泊中
即使埋在战场上
即使无名无姓消失

无须鲜花，无须墓碑
也不曾回望故乡
尸骨已融入江河

魂在呵,是永恒的
辉煌呵,是民族的

**旗帜**

用无数先烈铸就
用浴血奋战染红

起来,起来
曾苦难的人民
屹立的脊梁骨

旗帜,在飘扬
生命,在延续
中国,在崛起

**诞生**

山坡,遍地野花
平静和村庄
湖泊,一池透亮
新中国前夜

谁曾想,这一声平地春雷
响彻千家万户的窗棂
谁曾想,这一声闪电燃烧
驱散千家万户的黑暗

决战前夕的中国
从容赴京赶考

     河北石家庄

作者2022年在中国河北石家庄西柏坡

## 崇礼

我喜欢白云,多姿多色
在大地上飘浮的样子
更喜欢青春绵绵的山峦
映照蔚蓝天空下的虔诚

阳光普照,温润如锦
月光射下,凉爽心肺
万物荡漾,高山流水
仿佛我的身体是一座矿藏
静若天籁,又回响云霄
预示一场灵与肉结合的到来

不是吗?盛宴即将开启
那就请你把太阳牵走
把月亮带回家
好吗

      河北张家口

## 七月雨

我的身体，需要雨水的滋润
即使卸下，一年四季的布衣
也将与地，与天融为一体

巫婆诅咒算什么，别人议论又怎样
我想身体出轨，精神却桎梏
那就摇摇晃晃，逆光而坐
那就随心而然，席地而卧

七月的雨，狂虐人间
也狂虐我焦虑向往的北方
想把文字献给，那是诗
在我眼里，如一丝丝雨落下

仰望天空，雨没停息的意思
此刻，还有薄衣遮体
人，不就赤身而来，回去一样

浙江义乌

## 瀑布

天际，直泻两条瀑布
罕见地交织
在崖壁的鹅卵石中
在水雾腾跃半空中

这在燕子河峡谷
坐在池边的石块上
不是孤独，而是守望
曾是手牵手的我们

时有争吵，或是中伤
凝聚盘旋的力量，飞鸟
上下翻飞，直冲云霄
落日的太阳，收起最后一束光
看水中，依然有我俩的倒影

安徽燕子河大峡谷

## 徽戏

雄村
曹氏的族人
因文埴而兴盛
乾隆八十寿庆
徽戏进京唱响
天下国戏而诞生
却不知就在乡野
有百年千年樟树为证
有青山绿水相佐为伴
竹山书院，桂树林，宰相故里
文昌阁，八角亭，劝学亭
渊渊的历史长流，常新
这里不是黄山
是徽州，是雄村，在桃花坝

安徽歙县雄村桃花坝

## 写给海子

你多么无能，回避我的对视
又任性摧残，生命定格二十五岁
以为还给父母，以为奉献给世界

这个春天，我又一次走过你的家乡
小麦翠绿了，油菜花金黄了
你不留恋美好，也忌恨尘世

我从你的文字里，读懂生命
是滴血的春暖花开
还是背向大海情怀
我从你的诗句里，品味涩咦
是片刻的诗情暖意

假如你的碑文有我写
没有文字没有伤痕
孤零零的坟头不朝南
坟外只是太阳照耀
坟内只是月亮点燃

安徽怀宁

## 航步村

我是喜欢，怀抱云朵的人
走过安徽，云朵在水影里
映衬御史山的航步村

你是知道的，我爱厚重，沉淀
那给我沧桑、风尘、久远
王茂荫、曹霆声、徐莱、程元谭

你是知道的，心目所及的隐蔽
黛瓦白墙民居，就在偏远，且宁静
光照门庭，代代相传。守约50年的贞义坊

人，都奢望世界的完整
即使再偏僻的山坳，荒野
都有世界的一个春天

    安徽歙县雄村

## 那山·那村

或许是一种犯罪
饱含雨水的夏天
不由分说,是偷伐不重要
解开绳栓,摇船划向对岸

我的动机可疑,你的身份不明
不同的路上,只为那山一棵树
你从后山攀上,我从水路抄近
许多时候,不知道为什么
一个名字,如一个符物
从地狱重生,从坟墓走出

一次次山路水路
一次次生死轮回
我的,你的,就为一棵树

安徽歙县雄村

## 院子
——致友人

羞于提及，又忍不住
我友志恒
一家之魂，顶起一片天
父母聋哑，弟弟幼小
家徒四壁，老宅半倾

多少次，他把泪水化成雨
多少次，他把欲望化为蝶
雨是彩虹，蝶能翩然
地，是跋人生的起步
天，是看世界的窗口。
多想，给春天一个礼物，给秋天一个果实

沉甸甸的礼物，有些贵重
累累的硕果，爱的馈赠
院子有多大，心愿就有多大
楼房有多高，志向就有多高

友人说：人生之苦无法预测
人生之甜可以奋斗

安徽歙县雄村

# 雄村

即使
你至死直不起腰
一生悲苦,不会说一句话
你依然,让后辈敬仰
至少,不会孤独,转身微笑
无声的力量,比沉默更灿烂
你看我辉煌,昂首走出山村的那刻

安徽歙县

## 致樟树

如果你屹立，永久不倒
我会在人生路上树立一块牌坊
十年，百年，千年……在苍穹之下
当然，在我的诗歌里，留下不朽的文字

呜呼！在雨后的清晨，在夕阳下漫步
馨香四溢，落叶无声
文人墨客栽树，达官贵人徜徉
我战栗的绕过，崇敬的仰望
我诵读你年轮，翻阅你历史

敬畏，我的樟树
敬畏，天地之间

安徽歙县雄村

## 渡口

去对岸,去远方
是顺流而下,还是逆流而上
跨上舟,人生就此出发

有一盏灯,有一面旗
望过去,命运一步步向前
不管志向在胸,不管犹豫不决
而上而下,顺势逆势
纵然苍山一跪,纵然灵魂安放

渡口,回眸一笑
远方,笑傲明月

安徽歙县雄村竹山书院

## 春光里

羡慕三月,有漫山遍野的花
你醉了吗?我想象都醉
生命最美好的时节
是蛊惑,还是赞美
我,只想把倒影留在浩荡的春光里

跌跌撞撞的尘世
有多少人听我唱歌
落满尘垢的一世
有多少人为我祷告
伫立观音掌,抖落红尘几十载

有我,一炷香的燃起

浙江丽水大漈乡

## 堰遇

似乎，我等了你一年，十年，百年……
实在太久，仿佛挥霍一辈子也不够

垂老之时，看见了白鹭
几片云彩，被风移动着

多想截取，时隐时现的天空
停留心底太久，等待美好太长

俯下身体，渴望喊出那一声
遇上，是心灵陷入的荒原

那我就认了吧

浙江丽水

注：堰遇是酒店名字

## 十四行：大田

我这一生，一半已荒废
还怕今宵过不去
茫茫大田，青翠一望无际

我真想一把扯掉
上帝给你的绿，连根都清除
可此刻我衰老，且疲惫
力不从心与你相伴，不是我的心愿

我也想仰天大吼
大地赋予沉睡，静得可让人怕
此刻眷恋的宁静，在心灵
一个人的全部，或许是境界

尘世与我共存
笑春风还能指望大田的绿
那就等候一场雨后的味道

安徽利辛县永兴镇

## 十四行：小镇故事多

说是赶集，又称庙会
四邻八乡，人气集聚，一场盛会
合欢炸响天空，热闹非凡

高亢嘹亮的何止是豫剧
小镇的家家户户
小镇的门门坎坎
都事事欢舞，心怀春风

我把脚伸直，足浴
我把背露出，按摩
我在人群外围，观景
我在小贩面前，品味

小镇忽然让我沉迷战栗
那些隐秘的呼吸，是否洗劫一空
没有灵魂的躯体，或许只是架子

安徽利辛县永兴镇

## 半黑半白说小镇

夕阳只留了一半
就在那个坡,即是镇

想推开小镇的门
就能攻陷夜的城
即躬下身体行走
胡乱尘世

世界不是你的澄澈,就干净
世界不是你的苟且,就暧昧
白的世界,我想留个清醒
黑的世界,我想留个宁静

我来小镇干什么?
是褪去浮躁,还是安然释怀
既然白天有太阳,黑夜有月亮
不是你想象白与黑,请接受
你若盛开,清风自来

    安徽利辛县永兴镇

## 斑斑驳驳的阳光

一棵棵，一排排，大樟树围成的操场
我晨曦在哪兜转，我晚霞在哪慢跑
看见树下的阳光，斑斑点点
可心灵告诉我，是一种焦虑和悲伤

我有一把吉他，红棉牌的
樟树下有我的影子，摇晃的歌谣
云朵往下落，如声在回荡
我沉醉，我心碎，这叫尘世
从此，吉他悬挂我的床边
再后来，赠予给了云子木
把心把爱扔给了远方

没有眼泪，没有渗血
有的只是阳光和煦，有的只是忘却青丝
因为，我终于辨识了六根弦，和拨错的音

　　K8386 次开往安徽的火车上

## 火车开过合肥
——写给安徽一个小伙子

一说到春天，我想到的不是
满目翠绿，金灿灿的油菜花
而是合肥，那一次偶遇
李鸿章享堂的拍照
不过几分钟，片刻几秒钟
青涩的小伙牵挂了我 10 年
连 QQ 名也成了一个伤口
"为你拍照的小青年"

你说他是粉丝，你说这是缘分
可不再谋面，脸庞、身影都模糊不清
却在网上呼喊：再访合肥吧！
他已是二个孩儿的爸，开出租车的爷们
噢！刻在我心里的合肥
三河镇、包公祠、步行街……

我也想去看看你和你的孩子
因为拍一张照，会铭记我 10 年
火车开进了站，又出了站

你一定失望，曾告诉你，我在不远处
辨不清哪辆车的颜色，等候的又是谁
但我仍然想到你，发个微信
风吹，树叶拂动的样子

10年后的我们
你不再书生，我面容苍老
除了鲜活的生命，依然一无所有
富裕的是还在旅行中，还在微笑中
因为，认定一个信仰
远方依然有你有我

    K8386次列车路过合肥

# 坟

坟是字,坟墓便是词
释义有不同,你想

长江南北两岸,坟墓
却截然不同,让人联想

长江南,虔心的悲悯
舞蹈的色彩,宛若宫殿,小洋房

长江北,忽略的隐去
掩映在麦田,安静睡去,消失

月光在窗外,催促急步的回家人
墙缝的孤寂,托梦给了一整夜

多雨的季节,雨淋湿了坟
也湿透了墓,只有鸟飞过

我这才明白，孤魂藏身游荡的地方
是人间最狂欢自由的徘徊

因为今天是清明
多多少少人为你默哀

　　　　　　　　　安徽宿州站

作者2018年在中国甘肃甘南夏河县拉卜楞寺

# 2020 年写的诗

作者 2024 年在中国上海浦东

## 惊蛰

没有了喧嚣,没有了鼎沸
一年一年的等待,似乎疲倦
雨水滋润的肌肤,也伤到了心
翅膀振举的声音,蒙住我的眼

还有什么比听到惊蛰的一声响雷
还有什么比狂风暴雨的摧枯拉朽
令我兴奋,雀跃,甚至扑去
有什么还值得留恋,生命有一次璀璨

对于未来,我一无所知
对于不安,我还能怎样
百年,千年,我们的祖宗
一代一代传递延续,我还有什么可怕死

江苏铜陵

## 逃亡

你想逃亡,以为死神远离
那带上你的酒,别忘了还有烟
没喝完的酒,没抽完的烟
弥漫的味道,久散不去

慢条斯理地说教
假装优雅的遗忘
是你异国料理,连便当都不是
是你胡言乱语,碎屑都不般配

我有我的尊严,你有你的活法
痛的时候知道陪伴,爱的时候知道亲吻
离别的时候,也请捎上你的放弃
逃亡的路上,别忘翻看日记扉页上的箴言

安徽阜阳

## 我祈祷

我跪着,是双膝摁地的虔诚
这冬天,没给我好脸色,摁不住你贪婪
上下左右,雨水湿透,心灵被侵
我无悔,是贪吃你的野味,还是躯体

动物有没有情感,你应该明白
好好的生灵,降伏在你的餐桌
看看它的后脑勺,是否有光
我的眼睛,在白天是黑,在黑夜是白

冬天的彩色可以褪去,也可以忘却
那春天,云朵飘来的色彩
终究掩盖不住苍穹
跪下,或是最后情感的眼泪,或是怜悯的祈祷

江苏南京

## 二月的胡子

真的,有些窒息的二月
没我想象的艳丽
却让我愁得,不能来也不能去

我抠了一辈子,胡须也白了
也比不过朵朵云的白
是被云朵摁住,飘过无声

我哆嗦的一生,虽不很完美
好在没白白流失自己的时光
总想看到二月的雪,和我胡须一样的白

所以,我总诚惶诚恐
一说到胡须,就是幸福

江苏南京玄武湖

## 邻居家的狗丢了

每次狗出门，嗅我家的门槛
还留个印迹，圈个地盘

邻居们埋怨，空气中的味道
让荒芜的日子，花开得正艳

一日，邻居一言不发，低垂，慌张
狗，拖着长尾巴，沿墙角跑了

落满叶的庭院，迷路的猫
穿来跳去的折腾，一个劲地嚎

显然，邻居的魂灵被赶走
被盗取的月光也没了

狗再也没回来，会不会去远方
邻居落寞的身影，二指间多了支烟

上海杨浦五角场

## 二个男人在抽烟

云里雾里，是二个男人
一个翘着二郎腿斜视，看蚂蚁在爬动
一个站着夹着支烟仰视，望升腾的烟圈
消散不去的味道，在弥漫

一个把烟吸到尽头，熏黄指甲
把人间的悲欢装满躯体内
然后，描绘想入非非的人生
一个把烟吸到半支，甩手就扔
起身告辞，随意自己的落寞清欢
我躯体里的火车呵，有没有尽头

心灰意冷也好，畅谈未来也罢
人生的终点由不得自己
不然，怎么叫人生苦短

上海闵行

## 寂寞了

无所事事,直往前走
花也看不见,树也看不见,人影也没
仰起脖子,无处可说
没鸟儿声,也没风声,听自己叹息

是否走进了沙漠
是否走向了大海
身处囹圄的自己
想述说,想哭泣,想狂笑
总猜忌,总彷徨,总回忆

走出自己,不让思想生锈
走向天地,不让自己封闭
与自己对话,与书籍对话
阅读使人豁然,倾听使人享受
你还寂寞吗?

广西北海

# 岸

我瞭望着海
我看到了岸
与前与后都是海
与东与西都是岸

唇齿之间,左肩右臂
满目星空凝视
满目滔天涌动

我伫立岸的东边
我眺望海的深蓝
泪水掩映星辰
心,却在呼唤

广西北海

# 舞

公园就在我家附近
咫尺，一目了然
被烟雨蒙住，被栏杆相隔

我一言不发，我泪眼凝望
听得见的印象，看得见的春天
呼口气，挥挥手

余下，只有等待，余下，只走过去
一行北飞雁，一阵南下雨
禅意，门开了

　　　　　　　　上海鲁迅公园

作者2021年在中国浙江古堰画廊

## 如花在野

谈起油菜花盛开
赶一场樱花飘落
我看见晚霞的色彩
依然纯美，心动

我丈量痛苦的方法
是独处的一间房
酸楚堵住了中途
是进退两难的选择

但我乐观，清闲
暂时，早起早睡
揉碎，一些虚线
看夜中的月，望晨起的霞光

来自田野的寂寞，闻油菜花香
飘来武大的纯真，云絮般樱花
就在这，我的七步斋

湖北武汉

## 繁体字

你说，我不是读书人
可我一生在阅读
数着方块汉字过一生
读着祖先故事向未来

每一篇短文，每一首小诗
每一个繁体字，每一段情意真切
冬日晴丽的街道
香浓醇醪的酒吧

独处的时候，吸吮繁体字里的墨味
写诗的时候，读懂直版书页的乡情
没有惘然，只有眼睛心灵的相遇
没有重叠，只有一个中国的灵魂

　　　　　　　　　　河南安阳

## 吟柳江

我不能不相信
柳江的美，更在夜晚
那是城市的眼睛
在迷失中，看准了方向

我一声不吭，漫步两岸
蓝天透亮，白云低垂
听一把胡琴，吟诵时光
每一次幸福降临
一手青山，一手江河
繁花似锦怎不放歌

游一座城，爱一座城
从中穿越，整座城市
何止是夜色的璀璨
而是细微深处的光芒

广西柳州

## 秋日私语

一声叹息，登上南下的列车
从不循规蹈矩地生活
也不按部就班地出牌
说走就走的旅行。我
又有什么值得的留恋

喜欢秋日，是因为丰收的季节
是因为，我在春天已播下种子
憧憬内心太多的梦想
即使华丽的前缀，或暗淡的咒诅
一个人的辽阔，也想沉甸甸的秋天

多想在广西之旅中迷失
在若云若水的日子里唤醒
写下我精心思考后的小诗
挂在沿途的树枝上，随风飘去
散在夕阳的河滩中，隐入风尘

广西宜州

## 致柳公

在寂静中
我想安放一把椅子，坐着
捧一本书，听风吟雨

不问什么，一切了然于心
过去的人，灵魂还在
见我的，只是诗与词
我想，柳公是一种礼物
温暖这座城市的每个人

叶落时节，秋风蝉鸣
耳畔响起在晨曦
是不经意向我走来的步韵

广西柳州

## 野花

野花,我从墓碑前采来
细细的,闪亮的,昂扬地望着太阳
或许不美,或许不香,也不婀娜

没人在意飘扬的花叶
却在意留有余香的秋天
悲正于此,风吹动时
万物在挣扎,尘世收走一切
野花,即不卑微,也不隐忍
孤独的灵魂,一世陪伴远行

野花,我从墓碑前采来
举起,则是人间的烟火
放下,则是向世界倾诉

广西柳州北山

## 我去大山

走过长长的山路,以为走不到尽头
不料,一个巨大的豁口
守望不仅仅是安静,而是天堂的坠落

我看见桑树叶的飘舞
也看见甘蔗林的波涛起伏
那不就是父亲的背景,那不就是母亲的躬身
近在眼前,却远在天边
我忍不住奔去,哭不出一声响
大山是我的岸,大山是我的家

宽之雄伟,山之深处
是我前进的脚步,砥砺穿越
才有岁月静好

广西柳州龙朗屯

## 远方的呼喊

我胆怯,冲出大山呼喊
生怕被踩痛,一无是处
高山的巍峨,静止地挡住我的眼睛
而我如此渺小,微不足道
活得碌碌无为的蝼蚁
连尘埃都无人提起

那又怎么样,一生忙碌
即使碌碌无为,也知道被踩痛
走不过大山,爬也要爬过大山
不哭不笑,痛了也要飞
拯救我的,只有我自己
我的呼喊,大山有回音

广西柳州北山

## 我的九月

不都是九月
上海渐冷,广西还热着
柳公祠,仍在阴雨雾气中

我的行囊,就一个双肩包
却装不下柳州的山水
白云的简单,青山的翠绿

玉米田、甘蔗林,还有桑树叶
弥漫扬花的气息,让风拂过
我焦灼,我渴望

有一种情怀,妙不可言
九月的雨雾,九月的烟火
可能会腐烂,但心在向往

广西柳州

## 给我一把雨伞

龙朗屯，一个无法躲避的地方
被雨浸泡的青山，酷似我的眼泪
我多想裸身奔跑，如同原始
那荒芜，那寂静，那无烟火
放下即成圆，万般皆是空
那些年，那些事，那些恩怨
内心的火苗已渐渐熄灭
尝尽百味才是生活
那山，那水，那万物
在晨与夕，在阴与阳之间
清欢也好，清静也罢
只想青山，给予我一把伞
遮一遮身躯，从山顶飞跃
风景，这边独好

广西柳州

## 约定

天使,有没有翅膀,我不知道
可我在天使飞翔的天空
是虚幻旅行,还是怒放的歌唱

曾在阴影里挣扎,曾在迷茫中沉睡
想过悲伤,想过痛楚,想过一绝尘世
肉体的死亡是容易的,灵魂的存在是永恒
而劫走万事万物的,一定是你自己

我看不到边,我摸不到边
在你的面前,我四处游荡的灵魂
跃然山水间,终将得以安放

广西柳州北山

## 文惠桥边

我曾有过斑驳的青春
在柳江边游荡,落魄
无度地挥霍光阴

而今,跨过桥,走进一片绿荫
在东门古城,喝一杯茶
眺望柳江,记下柳州
脚下轻轻摇晃,挥手脉脉辞别
过往,是远去的帆影

不管你信与不信
我不再心灵空虚,迷失灯红酒绿
只因为,我的家是广西

广西柳州

## 鱼峰路

我是落叶,在秋天
但我不想飘得更远
叶,一片片落下

去柳公祠的路上
我幸福地仰望满街的树
今日,全城公交乘车全免

人流车流的岔路口
鱼贯而入似的拥挤
秋风翻卷,叶落得有序,轻贴着地面

我是旅行者,无边无际
爱街边的喧闹,和余晖的温情
岔路,恰是一个渲口

　　　　　　广西柳州

## 我不说，我不问

来到你的山脚下
我不说，秋天的光芒
满含热情咬碎你欲滴的露珠
我不问，秋天的晚风
低吟深情拂过你片片的绿叶

我是异乡人
风尘仆仆，倦意而来
没想有你，也不想放弃
山下的村落，我在眺望
那是我的城池
我不舍，留恋，往返

都说浮光掠影，都说擦肩而过
你让我留下的理由
我不说，我不问
青山明白，村落知道

广西柳州龙朗屯

## 一场盛宴

我也期盼一场盛宴
歌舞升平，手舞足蹈
这里同样的盛宴
却是有滋有味的清欢

盛宴在青山间欢舞
呼应孤独的自在
盛宴在云雾间缭绕
无声力量的清静
会让你落泪，会让你思考
人世间的无言是欢腾，还是静谧

我活过了，我爱过了，我写诗了
但透彻地明白
所有一切盛宴的放下
即幸福

广西宜州

## 那个下午

有多少个下午
可安静地喝一杯奶茶
在开满鲜花的季节
我,深情地望着你
没有语言,没有肢体
隔着一尺的距离
我,闻到了芳香
下雨,淅淅沥沥
微风,轻轻拂拂
站立,你不说我不问
那么安静,那么模糊
伸出我的手,挽住你的腰
走向我熟悉的旅馆

      广西桂林

## 枫叶

我想是一片枫叶
挂在远方的树枝上
没有人会惦记
风在吹,雨在淋,还有鸟

我真是一片枫叶
不会飘离我的故乡
一生忠诚这片地
青涩时,变红时,枯黄时

谢谢你,不远万里来
陪我生命最灿烂时刻
虽然短暂,但有光泽
映红天,映红地,映红人

我比风更柔,我比光更静
铺天盖地地落下,那是我之魂

辽宁本溪小市县

## 枫林之下

天与地，都没欺骗我
且看，枫叶红的自我
红得灿烂，欲改变世界

我总唏嘘尘世的背叛
也总吟咏失意的欠缺
骨子里的黑暗，涉入世俗的你
惊慌自身的零乱，摧毁了想象

走吧，奔跑吧
峭壁上，有鹰的展翅
波涛之巅，有鱼的飞翔
撕痛自己，又一次刮骨疗伤

曾经的我，迷失甚至坠落
枫叶红得那么短暂而飘扬
叶瓣的绚丽，即是情怀，也是境界
我徜徉，我仰望，把诗留在北方的初冬

辽宁本溪小市县

## 碱厂

诗仙李白，诗圣杜甫
诗王白居易，他们游历山川
人间最美的枫叶红
他们涉足，留下诗句吗

山，静悄悄变化着色彩
水，潺潺地流淌成了花
金灿灿的玉米田
炊烟袅袅的农舍
小路延伸向天边
此刻，我忽然觉得
沉默是最好的语言
瞭望是最美的欣赏

我写不了美文，成不了诗仙
万物静止，落满太阳的光斑
花落已成雪，你说孤独
枫叶染成血，我说寂寞

  辽宁本溪小市县

## 美好是短暂的

是否有此
看到你的时刻,不过半月
却耗尽你的一生,只为这几日的红
我想触摸你,哪怕是边角
感受阳光下,你细节的温暖
我想看飘落,轻盈的叶片
黑暗中,变色枯萎如尘埃
我想表示致敬,给我的美好
词不达意,无法说出
短暂是特意留给世界的吗
让我想象,也让我思考
采一叶,夹在我书本里
有个念想,还有明天

辽宁本溪小市县

# 忙碌

有时候
我仰望天空，俯视大地
扪心自问，在干吗？

一生忙忙碌碌，其实碌碌无为
就怕被踩，疼痛也要往上爬
不像一只蚂蚁，匍匐往前
不像一匹骏马，一往无前
谨小慎微，又微不足道
活，如同苟且而卑微

人啊，总愿记忆遥远
有片森林让自己幸福
一生沧桑，一生平静
足矣！

     K48 次列车上

## 致我的生日

渴望生日,那一天的来临
又怕生日那天,就在眼前
母亲分娩,让我沐浴阳光
每次的生日,是庆贺成长
一次次庆贺,一次次陪伴
终点在望,又期盼岁月稍停

给我一点安慰,我不想追赶
在岁月里,我奔跑得太辛苦
我不要什么,也不寻找什么
只要有你,我会泪流满面
我还想沐浴月光的柔和
不想背驼行走,不想眼花摸世界

我知老矣,但会昂起头
远方还在呼唤,因为
山河是我的坟墓,天地有我的欢笑

广西柳州北山

## 我在烟盒上写诗

一支烟,夹在二指间
曾是我一天的寄托
朝霞初升,顿生缥缈
夕阳西下,烟雾如梦

香烟牌子,或许是身份
烟味浓淡,或许是品味
硬壳的,软壳的,箔金的
林林总总,绚烂的人生
花花样样,社会多棱镜

有一天,我终于吸入一口
仰望天,透明的火烧云
用烟纸盒折出仙纸鹤
并在空白处写上祈祷
鹤,随烟飞去远方

浙江宁波

## 空白

我把日子过得太满
就像山盟海誓,不留半点后路
我把日子过得太紧
就像拉满弓弦,出箭再无回头

日落风起的地方
朝霞满天的地方
看见时间的打碎
看见满身的滴血

如果有完整,日子不会有句号
如果有留下,日子还会是空白
这样能够绚烂,这样能够抒写

浙江横店

## 晚，正八点

影子，在夜色里飘过去了
鬼魅的连光都不留恋
烟雾，在鞭炮中飘过去了
升腾空气中闻不出焦味

这是横店的谎言
一场光与影的舞蹈
连牛鬼蛇神都尽情欢腾
我是这场舞蹈的参与者
没一句台词，在光照不到的角落
历史与现实的碰撞
我想太多，也得畅想
影子拂过湖面，映在山坡
也盯在我身子上，动弹不得
至少，剧本是这样演绎的
离开时，认识俩哥儿们
一个假洋人，一个清宫男人
午夜时分，道声"晚安"！

浙江横店长征宾馆

## 我在横店写诗

所谓爱,或许是一种幻觉
横店给我一个答案
这里到底有什么?

动情的时候,说喜欢
喜欢的时候,说爱你
我羞涩,不敢想,尽说些傻话
理与不理就在横店的夜晚与早晨
赌气看看山水,吸一口空气

横店,第一次来,小镇如此美
山水间,掩映一个花园
我就当是真,举世闻名
纯粹地就在我身边,你没看见

真好!偶遇与意外
横店的人爱,说是伟大的寓言
假的也成真,横店在我的诗里

浙江横店

# 818

这是个好数字
中国人喜欢的好日子
我疲惫的身子骨
独闯去了横店

去偶遇,碰个运气
沾沾喜,擒了人妖
我不是大帝,你不是玉兔
横店,每分每秒演绎人生
是真也好,是假也罢
桃红柳绿,山水迷失
清宫舞剑,花翎翻飞

管不了,也管不住
不是个小妖能陪睡
今晚不醉,明天不醒
不忘,那个店

    浙江横店

## 八月的樟树下

斑驳的绰影
适合远眺的天空
向上的树枝，息着鸽子

我怕光，灼伤眼睛
我怕哗，惊飞鸟儿

尽管在樟树下，聆听
尽管在樟树下，遐想
八月天闷湿的蒸烤
汗点在皮肤的表面
诗，却有另一番意境
人，却弯成一道虚线

我是认真的，在樟树下
八月的阳光，八月的智慧
收进遗失的书里

浙江横店

## 横店

来横店，就没有了宁静
山水成了舞台，丛林成了猎物
晕眩是一种习惯，再平常不过
迷幻是种理想，等待着机会
你说你的，我做我的

我不喝酒，也成不了仙
你不抽烟，也成不了鬼
我想挣脱平庸，你想化开死结
行走横店山水，明白简单
切断横店喧嚣，知道归本

      浙江横店

## 传奇

深圳曾是一个小渔村
崛起的一座城
横店曾是一个小山村
变化成一台戏

深圳临海,通向世界
横店依山,飞跃天宇
一个在海边升腾,一个在山间舞蹈
燃烧得热烈,传奇得盛世

你要的正确答案
是改革,是创新,是向前

浙江横店长征宾馆

## 来晚了

来得太早,是焦虑和等待
没了色彩,生命在哪?
是我有哪些杂念
总想有点欣赏

来得太晚,是遗憾和叹息
虽有皱纹,少了震撼
即使我有无限遐想
又能沉淀多少

正午,暖和的阳光
我愿赋予全部
智慧的光芒
停留这里的辉煌

在某个时刻
阳光普照的地方
自然是生命的起源

K1132 火车上

## 还有那一缕炊烟

你问的那一缕烟
我走了好多年
村庄冉冉的炊烟
窑洞远去的味道
是否有点咸,是否有点甜
我唱过的歌,我写下的诗
都是令人费解的故乡
给予永不解开的愁
一碗小米粥的醇香
一根瓜藤的念想
窑洞不再有人住
村庄不再有柴禾
依稀可辨的那缕炊烟
已没了色彩

    K1184次车开到三门峡

## 片段

什么都感到新鲜
眼前一片片绿色
高粱，小米，西瓜，土豆
鸟在田埂觅食，狗在田野游荡
黑夜的宁静，我久久仰望
布满星星的天空

远离喧嚣城市好吗？
坐在大枣树下
看沙漠中村庄
心里波澜激荡

    K1184次，济南站

# 涸

一眼望去，是千年的黄
一夜吹开，是万年的沙

失去水分已千年
层层泥土的沙砾
久远久远的记忆

临近干涸的池塘
还有没有鱼儿的游动
赋一个美丽的名字
水上丹霞的浪漫
可我看见，是木桨的腐烂
可我听见，是鸟儿的低吟

我揉捏自己的心脏
渴望雨季的到来
不再流下我酸楚的泪水

K1132次莱阳站

# 车站

总想有惊喜
一个崭新的县城
喧嚣的站点
告知一个季节的临近
或在午夜,或在午后
所有不知的是
传递温暖的时差
困扰我的脚步
好在,我没听清预报的站点
有让我惊喜的拥抱

   K1132次山东潍坊站

# 桃村

太不显眼，小站
火车停靠 3 分钟
会被时间淡忘
也被岁月侵蚀
高音不一定漂亮完美
低音成就向上的腾越
从静止的旁边走过
我看中的角度
是距离的长短

我为纯粹的声响鼓掌
没有赞美之词又怎样

K1132 次山东桃村站

## 来来去去

躺下就好
站起就走
早没了禅意
去牵挂远方的塔
一层一层砖瓦砌成
也没惦记那风铃
去的时候
隐秘在人潮汹涌的虚幻中
来的时候
战栗在每时无刻的叩问里
远行的目的
答案是什么呢?

K1132火车上

## 人，去远方

人去了远方
心，又会怎样？
弹指数十年
走遍祖国山水，有些夸大
但，心的寂寞是一种成就
把剩余的时间
演化成痛苦
思来想去
从一个熟悉的城市
跨进新的城门

K1132次山东潍坊站

## 听者

沉浸在你的色彩变化
聆听在你的水珠滴落
只是缓缓地,只是静静地
流线的,垂直的,几何的波纹
光与影,力与美
你用了千年,万年,亿年
我没有足够的时间
让自己安静和站立
轻而易举被你征服
此时此刻
风雨会碾碎一切
阳光为死亡立碑

K1132次山东陶村站

## 在远去的火车上

一次比一次遥远
一次比一次坚定
不知疲倦地眺望
义无反顾的远行

一瓶矿泉水,一桶方便面
或坐或躺的硬卧
一站一站地停顿
心,一跳一跳的放飞
从斟满一杯江南红酒
去痛饮一瓶西部白酒
从木格窗的小桥流水
去沙漠窑洞的陕北

在飞驰更远更远的火车
褪去文痞,少了娴静
有不足,想家门前遛弯的心绪
滋润的阳光下,闲逛的放肆

      K1184 潍坊站

## 一棵枣树的命运

枣树在山坳里静静地生长
小小的幼苗，没人理会
在黄河边低垂

一阵风，一阵雨
好多年过去了
有狗会来枣树下陪伴

枣树长到山腰高
静静的影，映在了黄河
鸟儿来了，跳舞欢叫
农人来了，举起竹竿就扑枣
枣树哭了，树叶落了

枣树说：你们人类，只知道收获！
农人说：嫌你挡住了我的眼睛
结果可想而知
树叶成了观赏，果成了沙枣

K1184 次火车荥阳站

## 烧香

不是我不信佛
不是图省几个钱
只是我的信仰
早已在内心定格

凌绝顶的泰山
烟雾缭绕烟熏
众小山的云顶
满目红墙碧瓦
历代皇朝圣人
传承穷尽什么？

我在云顶跪拜
且正阳光普照
岩石是我跪垫
面朝苍天祈祷
只是放下我所有心结
收起此生盈满的眼泪

山东泰山

## 秋日意象

几点的阳光照射

最美！我想

内心波澜起伏

目光距离的踉跄

枫叶变红，稻谷转黄

落叶叩响了大地

除了太阳醉意朦胧的西下

就是月亮清亮亮的挂在半空

有谁在意我去向何方

也没猜想我风景独好

因为我在秋日的尽头

孤独的躯壳站着

而灵魂又在何方

K1184次山东济南大明湖站

## 在正午

我想拥抱大地
聆听地球引力的跳动
我想亲吻山水
看遍山水绚烂多姿的风光
我不想隐藏自己的角落
在太阳直射的中午
让稀疏的头发静止
我明白
拥抱是为了遗忘
曾经与人生的芥蒂
放下所有的过去
用我的双手触摸
你明亮的灵魂

K1184 次火车上

# 这样

喋喋不休地写
把念想写在诗里
不管你爱与不爱
必须承认,就是这样
白纸在我眼前
没有了过去,没有了未来
有的是眼泪凝成果实
以及灿烂缤纷的文字
原来是这样
你我想要的结果

K132次南京长江大桥

### 行走的背包

我想仰躺在大地
让时光停留得多些,甚至停止
故乡是我的祖先
也是我安顿的家

但终究明白
生命就是在不断地行走
那我一切一切
装进我的背包里
理想,目标和远方

不是常说:生不带来死不带去
那付出所有,积攒财富为何
有安顿灵魂的地方
就是我的家

K1187 次火车胶州站

## 没舍得踹它

就剩下我和它了
它偷走了我一个肉包
还凄楚地趴着，等待下一个伏击

天晴了，风静了
我想控告它，又放弃
主人棒打能洗清罪责
枯萎的心，放进酒杯即醉

都说，遇见就是缘
与一条鲜活的生灵，狗
有什么好多说，认领！

     K21 次 邯郸站

## 风，吹过你的村庄

多么幸运，带着风
走近你的村庄
生疏的有些疼，还催泪
跌跌撞撞，奔波尘世

把自己身影，一次次留在远方
想与世界共存，哪怕血流满地
嗯，即使痛了，即使死去

看见了风，和树梢的摇摆
我身体里的鸣笛
只说一句话，回头
炊烟被风吹散
心，也就降下了

河北赵县

# 畅

人,在天与地之间
是一种宿命
在佛前的虔诚,乞什么

一个人的寡欢,行将入土
还不回头地往前走
痛着,悦着,恨着,甚至想着归天
一个人的自在,无须二个人的欢愉

与天齐舞,与地同欢
那天,灵魂飞出我的身躯
天地之间,有个影子
一定是我

河北赵县

## 我们都在腐朽

是的,白日梦一直在做
熄灭一次,又催发得更强
内心秩序,可以被打碎
遨游计划,真无药可救

如今,我什么都不缺
心,却已荒芜,疲惫
甚至如熟透的果实坠落
有风无风一样昏沉
有雨无雨一样发呆

其实我知道,拯救自己的春风
是放逐自己,潜逃出界的心魔
既然危险,也就被劫持
天南地北的游历
只是一种伪装

河北邯郸涉县

## 没有手机信号的日子

我深信不疑
没了手机信号,人掉进了石洞
摸不到黎明,见不了夕阳
太多的隐匿,太多的病毒
都被清空,成了单纯

在院子里待了一上午,在城墙兜了一下午
看山,看湖,还担心天会掉下来
看墙,看志,古城一晃二千年
此刻,你若不来敲门
我不再鲜活,不再光滑
仿佛一夜成就了贞洁
走过祠堂也想昂扬
此后就不再挥霍自己

没有手机信号的日子
眼睛清了,耳根净了
真好!

河北涉县

## 漂泊

我被大地接纳
不是因为我没有家,可栖息
而是被天蛊惑,被地所牵引
向河流的方向走,向云飘的前方行

喜欢玫瑰色的夕阳,更爱彩虹色的黎明
只要能看到的地方,如期而至
即使摇摇晃晃,也为世界活一回
我不知道去远方,是否离死亡更近
但我明白,我摸到了天,我亲吻了地

我会疼痛,我会苍老,更会倒下
我用脚印,写出一行行诗
我用手指,吮出一点点血

河北邯郸火车站

## 秋，只是一个过度

没有秋天，我将怎么面对
枫叶还会红吗？绿叶还会凋零？
直接枯萎，垂死挣扎，痛快死去
否则慢慢凌迟，享受过程

从夏到冬，秋天是劫难，也是丰收
果实听话成熟，成就我的胃觉
悲悯又一个轮回，忍一个短暂的秋
秋冬的交替，还是执着地等候
不就是一场雨，不就是一场殇

　　　　　K1203次山东聊城站

## 零点上车

什么都死去,只有光
温暖我前行的勇气
在锦州站下,又上
转身如此快,影子也跟不上
却忠诚专一的紧随

在同一个站台
想跟你说说话,这很难吗?
视频是无聊的风景
上车喝杯茶水,想象水中的你
唉!躺下睡去
或许梦里还有个影子
但愿是你

K2288次锦州站

## 十月乘高铁

一点不吝啬,阳光射进车厢
哦,高铁快得心都在跳
田野如此丰盈,有预谋展现美

年轻时,没有福分,摇摆的月色
相聚总显得漫长而苦涩
剩下的光阴,掠过几米

万物都和我一样,忍受的同时
蜕变的理由没有预期
高山流水的美,有些惊叹

每次相遇,都那么幸福
每次握手,都向往远方
没有提心吊胆的飞速,只有到达彼岸的热望

G7571 次合肥站

## 洗澡

我在池里,风怎么吹起波纹
倒影的遇见,是摇晃的人生

所幸,没有发福
浑圆的肚,肥的膀,不耻坠下

其实,我更想毁灭自己
重生一次赤条条地来过

你所看见的风景,和我看见的风景
南辕北辙,相距甚远

真的!毁灭是融合,融合是重生
敬意裸身,在阳光下,浑身透红

C7571 次火车上南京站

# 2019 年写的诗

作者 2024 年在中国江西婺源篁岭

# 忙

你忙,他忙,我忙
忙在自己的世界里
忘了你,忘了他,也忘了自己

流星划过
才知午夜的港湾
旭日东升
才知亲友的嘱咐

岁月极美,春夏秋冬
岁月静好,花谢花开
生命沉淀,雨雪风霜

人生有短途往返,也有长途跋涉
漫漫路途何时尽头
忙忙碌碌何时休止

感触千山万水,感触平淡纯粹
还时光一段平和,还生命一段天真
那就让生命,不忘初心

上海春节

## 半个脸

黄昏抵达,风也静了
没回头,看我一眼呵
摇摇晃晃的月亮,跌落了水中

就剩我和你,更多的人退场
我一言不发,在树下
仿佛落地生根,隐藏自己
问:谁偷了我的灵魂
谁又把花香弥漫
被绑架的眼神
被撩拨的心绪
承载太多的惆怅,只想逃避

终于,把圣洁放进保险柜
终于,把勇气还给我自己
五指捂着嘴,十指罩着脸
一言不发,转身
联想冬天的光景

贵州兴义

## 鱼,在远方

我明显看见,你在沙滩上
是死是活,翻着白眼
我从不关心死亡,只想葬在那儿

曾想是一个追风人
掀起一波波浪,吹起一阵阵沙
连皱巴巴的短裤,像风筝飘远
既然如此,你还是违心去了远方
看风里,向天空舞动我的手
看雨里,向大海散尽我的泪

你想要的自由,或许只在远方
你想要的远方,或许就在眼前
反正,我已是中毒症

贵州兴义

## 哦,十二月

此刻,我感到很幸福
是内心萦绕长久的渴望
没以往的隐藏,望窗口的孤单
仿佛要挥霍自己的后半生

风移动着云彩,水映托着蓝天
我行走如春的荔波,仙人的地方
不是无所事事,不是无可救药
女人想贞节牌坊,男人想歌功颂德
我想什么?把心赎回来,把心捏在手

经过你的祠堂,破旧的灵魂
是否可以修饰,是否可以成全

贵州荔波

## 舍取

愣住了，我的雪，百般呵护
绚烂的瞬间

我也想
像雪一样，鼎盛极美
赞美的损毁

我的雪，寂寞清冷
总有谢幕一刻
明白了，宿命的归去
此心安处，即吾乡

      贵州铜仁

## 下雨时,我叹息

没那么美好,初春的雨
像欠了一个冬季,一倾而下
淋湿我的头发,湿透我的衣服
连心都快凉了半截

鸟儿不飞了,猫也躲了起来
但我不会沮丧
仍然奔向你的花海

一阵从过道吹来的风
我选择遗忘,我学会欣赏
这个季节雨多,这个季节花多
四野飞舞的昆虫也将狂欢

春雨过后的远方
我已看见,你举起召唤的手

贵州遵义

## 秋的思考

秋的色彩，你我都喜欢
讨个手舞足蹈，任意画梁雕琢
甚至把色彩涂上身子，裸着
以为艺术，以为献身
还想挂在天边，炫耀肌体，绽放生命

可我还是憎恨，色彩分明的轮廓
用绚烂遮去了阴谋
连些光亮都被挤兑
落下的枯萎，阳光铺满大地

憎恨，是因为你来得太快，去得也快
占据我全部空间，甚至一整天
即使落叶也想成书笺，留存永远
你喜欢，不等于世界没有来日

那就等一场雪，有预谋的纷飞
覆盖你的全部，无影无踪

湖南怀化

## 我从你的城市走过

没有月亮的夜,你还安然入睡
没有柔情的雨,你还梦醒时分
看着咀嚼生命的槟榔
看着缭绕熏心的烟雾

我想举起我的手,提前向世界告别
我想敞开我的心,身体早已是斑驳
你不慌不忙,你从容淡忘
允许醉鬼,允许赌徒,也允许乞丐
进驻你上上下下,前前后后
身体里的火车已经错轨

我看到了巫婆,也预知瞎子算命
走过你的城市,我不想哭
扔掉你的半支烟,张开你的黄斑牙
我,不愿心灰意冷地离开

湖南怀化

## 晃了

给我一支烟，夹在二指间
夕阳来得太匆忙
蹲着，颤抖的一整天

56度的白酒，今烧成怎样
太阳被云遮住了，身子被病毒侵了
都这把年纪，我还被风掐着
浑身一冷，酒在肚里晃了半宿
天昏地暗，日子颠倒，世界末日般

跌跌撞撞，哭着爬着
据说，醉酒后的人生是光明
我深信不疑，窥见的，隐匿的
微笑明天，依然温暖
而烟灰抖落，化开的是血

湖南怀化

## 我的火车

即使被遗忘
那一抹绿，已印在我心里
我去过很多地方，是渴望远方
流浪也好，旅行也罢
相互纠缠，彼此释放
流云过了有蓝天，流云过了有青山
绿皮车来了，才有我的远方
曾经的斑驳之容，曾经的华美姿色
抖落的仅仅是几十载红尘
照见的也只是归程数十年
我还是踏上了我的火车
有侧身躺的，有抽烟的，有驮筐的，有……
我，只有长长沉默，只有不痛不痒
写下落满尘埃的诗句，自赏
但还是，出乎意料
看见自己的衰老，走进坟墓的边缘

湖南怀化

## 樱花

曾经，多卑微
想偷偷看你

让美永恒在心里
凋零也得占有

你在苍穹下
飘摇散发着自由

无声地诉说
慷慨给予了大地

温柔的微笑
闪烁在渴求中

拒绝卑微的生命
是你深情的回答

上海顾村公园

## 曾想
### ——赏樱花

因为你美丽
因为你短暂
生命如此光辉

我曾想含香
我曾想自弃
收手就是勇敢

如此弱小，却漫天舞动
如此晶莹，却无私奉献

我不想伸手成为污点
造就填满我的空虚
更不愿赶赴一场审判
美与伦理的辩论

　　　　　　上海顾村公园

## 石河子·兵团
——致新疆建设兵团的前辈们

我去很多地方
美丽，令我神往
富饶，使我畅想
但让我铭记，无法忘怀
只有这里，静静地令我窒息的土地

踏上这片土地的那一刻
不由我泪流满面
无际沙漠，苍茫天地
曾是盐碱不毛的荒原
是五湖四海的青春之人
用血肉和生命筑就这片土地
并让一代一代的后辈扎根
戈壁变良田，荒原成棉区

动容，泪水，敬仰
我看到不只是青春热血
更领悟，人格伟大的力量

新疆石河子

# 诗

我,自以为是
乱涂乱写,凑成几行
以为是诗,谁会欣赏?

有人说:诗是人间的药
陷得太深,餐巾纸上留字
飞机上垃圾袋也写,巴掌大的
纸片上的几行字,够自娱自乐

看见一片树叶,联想人生
看见一片森林,浮想未来
晃来晃去,游走人间
整个世界,陶醉其中

药,是有毒的,但能治病
我,不动声色,倾注笔下的情感
因为只有诗,才是人格的写照

新疆喀纳斯

## 有一个黄昏

满是风,满是霞
和正在落下的余晖
麦田是青青,芦苇却枯萎
栖息的鸟一跃而飞,令我惊扰

远方究竟有多远,夕阳的那头
我内心的火焰山,霞光四射
我身体里的柔和,沐浴春风

我常想,夕阳那边
风是否停了,船是否靠岸
如果不是,点燃火把,照亮天空吧

新疆昌吉

## 等不来的雪

如果我有斑斑劣迹
我想来草原，也想在戈壁
作一次了断的清算

躲是躲不过的，也无法躲
茫茫的，空空的，一目万里无云
不如风光，而隆重的埋葬

我热爱世界，更热爱生命
想必远方会有一个人
在为我转动经幡，或祈祷

有坟会被沙掩埋，有碑会被风吹倒
一切简约，少点负罪
没有墓没有碑，颜色就是我自己

新疆阿勒泰

## 胡杨林

风花雪月，我怕着凉
秋风浩荡，我怕迷失
风给了我力量，光给了我温暖

你说你固执地等了我千年
一次次枯萎，一次次重生
残枝的折断，落叶的纷飞
生命的豁口，灿烂一片天
你用自己的风姿抚摸远方

我何尝不向往，盛年的欲望
没了魂魄，没了潮汐，我的身体
枝干秀挺，树叶金黄
我欠你一个拥抱，相见俱欢

新疆乌鲁木齐

# 天山

点燃一支烟,我仰望天
仿佛万物是白的,时辰也是白
陡然,我的心也坠入了白

空旷无边的肃穆,情感会否有光泽
每个季节的风光,有太多瞬息万变的故事
山川,河流,平原,不都是祭品
山的深处,是傲然的沉默

靠近,自由说一句爱你
行走,冉生自己的千阳
祈祷,天山

　　　　　　　　　　新疆天山

## 天池

我想跳进去，不顾一切地舍身
在你的怀里，在你的梦幻里徜徉
梦到晴天，奔向云巅

你一泓清水，透彻天地
蓝天穿在我身上，白云攒在我心里
我所有罪孽，无处藏无处躲

谢谢！给我一次洗浴，净身
回望孤独，清洗灵魂的肮脏
删掉若干我所有的过往

重新出发

新疆天池

## 布尔津

天空的蓝,河水的蓝
仿佛瑰宝落入人间
客从远方来,贞洁落满河

小城的美丽,隐藏美的简单
灯光的色彩,不由让人中毒
来了短暂,成了怀念;来了长久,渴望留下
默契身体里的远方,一颗尘埃

何必繁华,何必喧嚣
仿佛已经离开,仿佛竖起旗帜
不经意泪痕满面,红尘相随
褪去人生的浮躁,多写两个字

你好!

新疆布尔津

## 半坡

路过你家的门槛
光是柔和的,在风里摇摆
树掩盖你屋顶,没见春暖花开

如今,该有的都有了
白桦树下,是否有一场阴谋
炊烟飘过的,是否不慌不忙
连风和云都慢下,成全你的容忍

残存身躯,注满你的热血
拒绝眼前,没有谁来掠夺
甘愿沉浸岁月的沧桑
波澜不惊,追逐你而来

其实,我知道,山坡的白桦林
是你明天的方向,是你一辈子的春天
即便是凌迟,也不负为匪一劫

新疆五彩滩

## 之美

此刻，我的左边是戈壁
　　　　我的右边是高山
寂寞伸向远方，孤独伴随永远

没有水，生命在枯萎
没有绿，鸟儿也不栖
然而，不是我不恨
阳光够灿烂，雨水够充沛

仿佛一辈子，挥霍不尽的阳光
仿佛一辈子，乞求不来的眼泪
只有浪漫的天空，悠闲的云彩
只有风，认领一路荒原的红尘

我不想隐匿在山中，我不想孤寂在戈壁
因为谎言不是我，因为腐朽不是我
正是你的荒原，正是你的荒芜
才有我不离不弃，信以为真的伴随

　　　　　　　新疆建设兵团

## 夏天,还有些冷

脱得只剩背心,裤衩
以为可以比美,展现肌肉

窗外,淅沥沥,湿漉漉雨
春天传递过来,还是阴冷

站在街口,玫瑰怒放
一阵阵飘香,刺痛了眼

不敢东张西望,也不敢回头
怕思念,日子就拉得太长

还是多穿几件衣服,不声不响
雨过了,天还会热

浙江上虞步行街

# 六月

一夜满地月光
是否又熬了一整夜
以为得意扬扬,征服横卧的女人
如同一次花事的盛起

闭上你的眼睛
以为风吹不进你的心房
高潮的疲惫,喝口水吧
折腾的午夜,初夏的纯净

说醉话,听私语
吱吱作响的日子
信不信,第一个跳窗逃离的
必定是满面春风的六月

浙江湖州

## 想念上海

待久了！生厌
以为说走就走去远方

刹那间回首
正是念想我，有些零乱的家
雨下多了，成了黄梅季
车子多了，堵在高架上
一人的宅，静得空荡荡

没有女人给你焐被窝
没有伴侣给你煮碗粥
但消失的地方，一定有盏灯
不知疲倦在等我，盼我
朝霞满天，清风明月

远方很远，远方很美
是我的，必定在天边等候
是你的，也必将全部奉还
花谢了仍会开，风拂过脸绯红
纸质的身体向往着未来

再远的远方,也终将回来
上海,你是我的归宿,我的骄傲

甘肃天水

作者2017年在中国甘肃武威

## 赶路

我急于赶路，在雨中的山道上
路途虽遥远，走得也疲惫
但我在意你亲口说：爱我！

麦子有收割的仪式，爱情理应有允诺
我被幼稚劫持了好多年
也被爱慕偷盗了我青春
优雅的生活，贫瘠的精神
不奢望七月荷花，十月重阳菊花开

在路的尽头，有你的挥手
吝啬地给予拥抱和祝福
我会泪流，心满意足

浙江嘉兴

## 秋在前，冬在后
——写在冬至这一天

秋去了，冬来了
我赞美好，还是怨恨好
长驱直入的秋风，有些恼人
充塞着漫天飘落的叶
让我从早到晚，由近及远
举起的酒杯，向秋与冬的临界

我把自己的背影，留在咫尺
蒲公英的黄花摇曳，绒球飘散
梧桐树的落叶铺满，枯萎挣扎
其实，何必呢？
飘舞远去，枯萎死去
虽说远去，虽说死去，也是命运与归宿
我们又何尝不是如此
在秋天最美的时节，与天地作别
不就拥有最纯洁的一匹白布裹身
还要什么墓地，墓碑
省去振振有词的墓志铭

来来去去，一秋又一秋
关于人生，我没解释，也无答案

沉默在纷乱的人世间
明白在红尘的斑斓中
有秋的色彩陪伴
一切都安好

上海五角场

作者2016年在中国四川峨眉山金顶

## 十月，我的生日

我总想醉，忘却世界，忘却人生
怕自己又一个生日来临
这么匆忙，浅薄只为一只蛋糕
吹一次蜡烛，躺在床上夜未央
仿佛一辈子就过去了，仿佛预备了墓志铭
不曾发生的事，一天一天在临近
这样的生日，有情有义地庆贺，好吗？

我还想饮完一江水，我还想翻过一座山
我始终不愿承认身体里，有一轮下沉的明月
高山流水，草木皆兵
允许我举杯的沉醉，甚至哭泣有远方的守候
为那一个早晨醒来，我有被放逐的青春
让我的身体与灵魂有一次交融

      江苏镇江

## 十四行：花谢了

哥哥，我只身一人来
只想把你领回来
每个夜晚，每个清晨
都按时约定的日子，在想

山川，河流，草原，农田……
仍想和你走走，哪怕最后一次
如今身在异乡，冷清吗？饿了吗
满树瓜果，你还看得见
你说服了春天，你回归了秋天
人世苍凉又何妨
人情淡薄又怎样

多说一句少说一句
跪拜了整个绵山也苍白
我恨，摇摇欲坠的寺庙，即塌

山西晋中

## 惜福

在我熟睡的时候
夜空轻轻吻了我
我在远方的寺庙
蒲团在我的脚下

冥冥之中在祈福什么
梦中飞过一只鸟
感受寒冬的滋味
恐惧看见了死亡

起锚的船在黎明前走远
缭绕的雾香能否驱散什么
我没有叩拜也没苏醒
圆,顺畅一条弧线
融,圆寂执求平静
那就惜福,那就祈福
寺,在天地间

河南焦作

## 无题

因为太聪明
所以容易受伤
糊涂是难得的聪明

因为想得太多
所以和自己较量
把谬误也当成了真理

该停下的时候
就去旅行。爬山，赶海，看鱼赏鸟
古人的高明，在游历中糊涂

看重自己的渺小
正是显现自己的伟大
不是吗？徐霞客，王维，孙思邈……

河南云台山

## 趔趄

自以为是
是一个心境的转弯
以为顺利到达,并收获无数

纵,只是看见了蓝天
横,只是看见了海洋
一样的湛蓝,一样的柔和

可怕的一个趔趄
温顺的一个遇险
也是微妙的转弯
你才蓦然察觉

激昂有何用
哭泣又何用
记住自己的名字
——是健康

河南焦作

## 清晨

是什么唤醒了我
不是鸟鸣，更不是鸡啼
是淅淅沥沥的雨声吗

天亮，我梦见自己的生日
在太阳升起的东方
也梦见自己的死亡
是夕阳西下的天边

人生不就是一条直线
两个端点，起与终
亲爱的，在你吻遍我的身体
碰触我最柔弱的地方时
请再看看我的眼睛
那片曾被抚摸的地平线

或许太阳升起时
我已转身，去远方
或许太阳西下时
我已合眼，在梦里

河南郑州

## 绕个大圈

直线距离不过 30 里
却绕个大圈几小时
痛苦是安静的
快乐是辛苦的

风光是极美，因为险峻
一道屏障让你流连
困惑是宁静，离天堂近
理想与现实纠结于心

想做愚公，想成雄鹰
忘却自己，才会心存远大

　　　　　　　河南郭亮村

## 这个时候

伤得不轻
到了筋骨,到了心脾
我屏住呼吸,在呐喊
我走向崖边,却在狂笑

这个时候
我怎么办,又能怎么办
你劝去算一卦
我相信生,也相信死
那是人生一条线

有什么在向你逼近
有什么在向你挑战
这个时候,我的初夏
终于背起自己的命运
去远方,很远很远

河南林州太行山

## 十四行：魂

我魂去哪了
偏执要去远方
才会安神心定

凋零的棺材是否美丽
在远方的静谧
等待人们的祷告
云会缠绕，风会拂过
只有飞过的鸟
染红的嘴唇在歌唱
传递天堂的信息

我还有什么留恋
久久地不舍弃
该放下凡尘的美丽
把魂留下可安好

河南林州太行山屋脊

## 十四行：望

我已经站在屋脊
脚下是不是远方
心是不是有安放
我的时辰，我的命运

我想成为苍天的孩子
这样可以时常看见七仙女
说说大地的情怀
讲讲海洋的深邃
因为不想挥霍我的青春
也看不清撕碎的诗行
是泪水和生命写成的

眺望的方向
难道是我的归宿
那整个天空就是远方

河南林州太行山

# 一日

今日有阳光,今日有高山,今天有伙伴
我也幸福,可以去远方

从黎明到黄昏
忘记自己,不知疲倦
在山间奔跑,在林中嬉戏
没有什么可以忘却,没有什么可以铭记

幸福可以找到诗
幸福可以找到美
不愿躲藏的野花
铺满山坡
不再安详的村庄
灯火明亮

安静的是云,安静的是水
是否因为我的到来
不再忧伤,而显得躁动

我坐在岩石上，
只有夕阳伴我
只有溪水伴我
那时——
我多么的寂寞
又是多么的遥远

　　　　河南林州太行山

作者 2022 年在中国陕西华阴市华山

## 醉在他乡

故乡离我这么远
只有念想

月光下,我飞翔
醉倒在今晚的他乡
是天际,是星辰
山是我的婚床
水是我的情人
落入山谷,喧响难眠

在黎明前,在黄昏后
我心神不宁
一言不发沉默
因为,我醉的时候
看见你的摇晃
看见你的温柔

河南林州太行山

## 太行山的雨

一个老农在山顶上耕种
荒凉寂静,看天看山
我把外套扔在山崖上
湿透了,雨比平原还大

我以为肮脏,老农说:天浴
心灵被水净化过,很纯美
流成的溪,满了池塘
鸡要水,田要水,人要水
而劳作的地方,只是一小块,细长条
老农说:他幸福,离天堂更近

绕过了山坳,见日出
飘过山梁,仍是雨
是及时雨,还是幸福雨
我不好说,反正我已泛泪光
雨,将老农淋湿,他还在山顶
那块小方田,微笑俯瞰我

　　　　　　　河南林州太行山

## 如果可以

如果可以的话
我愿躲进山里
被高山包围
被丛林掩盖
这样是否世外桃源
这样是否与世无争

我渺小得连一滴水都不如
我卑微得连一粒尘都不及
只要我愿意
在哪里都可以是寂寞
有高山围成的房子
有森林筑成的黑屋
成就的是我的意愿
成全的是我的缄默
只要我可以

河南林州太行山

## 讲了又讲

我厌倦，我沮丧
我讲了又讲，不厌其烦
简单的故事
讲成了一本书

我唠叨，我恼恨
受伤的心灵，缺失安抚
想拾起天空
以为可以复圆

走不出去
进不了心
说尽人生的好话
掏尽人生的怨言
猛醒迷路的方向

有没有地方重新开始
有没有选择皆大欢喜

河南安阳

## 给远方

在意别人的眼神
在思念,在鸣叫,在飞翔
散尽炊烟的村庄
吹开雾气的月亮

我蜷缩在列车的一角
没有伴,没有水
情侣窃窃地私情
爷们朗朗的对话
森林一般的大腿,耸立
四处飘散的气味,熏发

全然没有在乎
身心却被摧残
还好有远方的挂念
尚有一点点希望

　　　　　　　河南安阳

## 疲倦了

我累极了
不是身体

我想到了死
是寂寞中的离开
假如有一对翅膀
飞到自由的天地
畅快的心甘情愿

可你的脚步声
从远处传来
慢慢地靠近我
雨水在倾诉
微风在呼喊

我还能怎么样,我还能怎么样
转过我的脸,背影的下面
洒下一把泪水
虽然破碎,可以哭醒

　　　　　　　　　　河南安阳

## 太行山

太行山的英雄谱
传得很远,也很久

而我看见太行山,一座座山峰
像是挺立的乳房
云彩在天空下飘荡
凑上我的嘴唇
抒情太行山的胸怀

放过我,穿过荆棘的丛林
助力我,蹚过高山的湖泊
我不想赞颂,捧为圣山
那样你真孤傲
只想在屋脊的山间
自由自在驰骋
哪怕孤独不可言说
我也心甘情愿

河南安阳

## 现实

我的现实
浪漫吗?
那是用额头撞出来的
还不想用绷带布

肆意挥霍才华
却用悲切回味浪漫
痛处能否改变
却用残忍诉说过程

我的现实
不浪漫
在旅行中修复
在无奈中欢颜

河南开封

# 飘坠

人在千山行
心在千山外
寂寞的绵山，偶见孤雁
秋叶落下，不仅仅是伤感

如果有重生，如果有来世
还有霞光摇曳的爱情
还有摇摇欲坠的婚姻
再美的叶子总会飘落
再强的生命也有轮回

人亦老，春会逝
而爱与恨，生与死的故事
就在一尺间的香烛
在越飘越远的青烟中

　　　　　　　山西太原

## 下雨了,我还出门

但是。不因为下雨,我就受困
看一帘的秋光,和雨中的绵山
不只是窥探你一缕佛光轻烟

我在寒风中走出,我在雨雾中沐浴
我驮不走一座山,我揽不尽千座庙
可我的存在,我的跋涉
收尽绵山的全部
踏入每一座寺庙

明白被风吹乱,被风合拢
甚至被淫浸受辱
但我还是站在绵山之巅
但我还是云淡风轻地俯瞰

虽然我成就不了胸襟宽广的圣人
至少,我能自言自语地告白
希望活出完整的自己
把心里所有秘密,对绵山说
在佛祖的面前,无愧

山西太原

## 深秋

有些词，你是否读懂
悲悯，落魄，枯萎，死亡
是深秋光阴造的虐
可我不恨，至少守住了秘密

其实，我想袒露所有
在秋的微光里摇曳
在秋的夕阳里远去
因为丰收，把果实搬回家
流浪不是目的，享受过就好

荒原万里的黄土高坡
我看见寺庙，寂静绝壁的崖顶
我不要赞美，也不要说歌颂
孤苦的修行，心仍有不羁

放了我吧，放了我
大地都宽容，是我余生的力量

山西太原晋祠

## 独白

能在菩萨前,哭吗
诅咒黄昏的供奉
乞求开恩施舍
黄袍袈裟,是为遮住阳光
蜡烛不灭,怕熄灭点不燃
拢上一晚的夜色
撕裂木鱼的破碎

我咬牙切齿地叩门
想惊动菩萨的回望
给一个哭泣的理由
而不是欢笑

山西太原

# 2018 年写的诗

作者 2022 年在浙江台州神仙居

## 我在大巴车上

我坐在大巴车上
车在高速公路上行驶
心在急盼着回家
雨打着车窗,风在眼前吹过
我凝视天空,我注目大地
久久地失去了耐心
连仅有的欢快也无影无踪

堵车了,蜗牛般爬行
绕道了,凌晨2点停车
我郁闷,风雨中的28小时
无法盹迷,反复折腾自己
伸不直,躺不下
腰际在咒诅,眼睛在控诉
我暗示自己坚持
饥饿算什么,长途算什么
寂寞颠簸又算什么?
休息下车时,采一束芦花
幻想家的方向,有个温度

我坐在大巴车上
一次 28 小时的长途
是贡献整个夜晚与白昼
好在有书，打发消遣
好在有诗，点亮心头

      江西九江

作者 2024 年在中国北京故宫

## 湖畔

想抽支烟
看烟雾缭绕
那就深深吸一口
吹出烟,飘向湖面
很远,很远

发生了什么?
船在眼前划过
嬉笑荡开了涟漪
背景在移动
很是乏味作困
抽烟成了一种姿势

受阳光的抚弄
仰起我的脸,抬起我的手
无时无刻被映衬
自始至终被勾勒
有湖就有畔
有你就有我

江西九江

## 逛街

我,在逛街
看到自己垂下的白发
一根一根,一片一片
闪光的,直立的

不服老,不想老
即使安静地倒下
也要在天堂边盛开一朵花
成不了圣洁的人
也应该仰望万道霞光

爱情,对我来说已是遥远
可还能向往又执着
女儿是父亲的小情侣
就买两件,一黑一白
逛街的乐趣在心呵

     江西九江步行街

## 季节

走过许多的季节
始终回想着童年
无邪的微笑
天真的憧憬

阳光,一缕缕
雨帘,一丝丝
漫过我荒凉的心坎里
掠过我成长的青春期

父母早已远去
我也慢慢长大
可我心里驻着
依然是原色
森林那片草地

江西宜春

# 二月

二月,一个人去了远方
孤独的心灵,藏进了浓雾里
泊在未被耕种的稻田,一片盎然
鸟在树上歌唱,呼唤春天

芦花在我热烈的目光里飞扬
河流在我注视下潺潺而流
想照亮夜空,即使一束火焰
瞬间也是欢腾,至少心里怦然

二月,走过的旅途,不敢偷窥
却已闻听你的脚步
是春天向我悄悄地走来

江西鄱阳

## 安息

你说：人死了！才叫安息！
所以，等我死了，你不要唱挽歌！

我不想坟头，有松柏成荫
更不愿插蜡烛，烟雾缭绕
这样更不安息，吵得不宁
因为听不到夜莺的歌唱
因为听不了悲苦的诉说
再黑暗的夜，也有日出
再混沌的世界，也有清流

江西鄱阳

## 摸到了三月

不喜欢寒冷
阴沉得令人作呕
屋内,一样的清冷
没有生气地发抖
我听到屋外响起的雨声
感受到三月轻盈的脚步
我窃窃地微笑
还没发出祝福
已感觉你的躁动
那是春天

江西鄱阳

## 有那么一天

总有那么一天
你会到来,祈祷晚一点
哪怕再伟大,哪怕再卑微
就是整个世界属于你
也不能幸免

就让我有一次沉溺
从里到外,从头到脚,彻彻底底
通透的洗浴,在全世界的注视下
洗礼罪恶,澄澈污浊,铸造良知

总有那么一天
生命凋零,剥落至泥土
那大地,那海洋,那山川……
世界会重生一个我

江西鄱阳

## 青灯之下

家的不远处,有一堆坟头
我以为是山坡,会不会有幽灵
稻田菜园就在旁边
儿时,牵着牛,遛着狗
背驮一抹夕阳
一直走到地平线的尽头

我的卧室,就一张板床一张桌
和一盏亮到天明的灯,红红的
眺窗看见的,只是高高的坟墓
伴着蓝蓝的半片苍穹,有月亮
我不怕守着祖宗的寂寞
也不怕祖宗的无声无息

我想离开,去我心中的远方
父亲给了我书本,母亲给了我理想树
卧室还有板床桌子
灯,换成了白色,亮亮的
临窗的风光
依稀是先辈的微笑

江西鄱阳蔡家村

## 想活着

有这一天,我会坐下不起,在田头
看旭日东升,望夕阳西下
叹自己慢慢老去

我期待长寿百年
依稀的往事眼前掠过
我在太阳下还迷糊
眨眼望去的村口,有儿孙走来
我跨不过栏栅,挪不动脚步
有狗的尾随,鸡鸭的欢腾
就幸福不已,手舞足蹈

我终将慢慢消逝
在家对面的山坡
那微微隆起的青草里
笑着看儿孙辈的舞蹈

江西鄱阳蔡家村

## 清明

我明知她已去了远方
或在青山长眠,或在天堂安息
可我还是念念不忘
一束鲜花,黄色的
一片一片洒落

不问东不问西
只求心在咫尺之间
如果一生很短,一瞬很长
在无声岁月里步步往前走
你还会挽着我的手
哪怕酸楚,哪怕迟暮
你还会灯下相伴我
静默对视在泪水里
看我写诗,听我低吟

每年的清明,你静静地来
在风雨中慢慢地去

青春还是那么热烈

春光还是那么绚烂

因为,你是永驻我心里的人

　　　江苏徐州

作者 2022 年在中国河北唐山

## 无题

我想,选个好日子,去看你
走过小区的路口,拐个弯
是街边排排银杏树,探望着

你来了,酷似军车的二轮
耀武扬威,正好与我一般高
一次次,一次次说,真的喜欢你
笑笑,撇开我的脸,礼物递给你

你看,明媚阳光多灿烂
何须多言,走进夜晚
皓月当空,逃不过一场虚妄

上海崇明跃进农场

# 秋

有太多的事要做，在秋天
色彩，汇聚在田野
人和泥土对应
云霞，漂泊在天际
人和苍穹映照

我不甘寂寞，你不愿沉默
因为喜欢，所以殷勤
在合适的季节，等待花的开放
在圣洁的高地，扬起帆的欢笑

是在秋天，有很多事要做
可人都不想成为祭品
把整个儿的自己，连同心一起交出
这样就不会瓜葛，也就没有绝望
不是吗？火烧的田野
因为夕阳，红火般的绚烂
光彩夺目，催人泪下

上海崇明堡镇

## 只留月色

多美！天在描绘
月满西楼，临水吹箫
不用我的书，我的笔，我的纸
连柳枝，连细雨都是多余

云子木，陡然一个欢称
春意盎然吹皱一池涟漪
点燃一支烟，敬上一杯酒
想对天，想对地，想对她

即将到来的夜，风调雨顺
吹开雾气之晨，醉在胸臆

      安徽阜阳

## 生命的醒

裸身，洗澡

裸身，睡觉

裸身，没尊重的手术

让一群姑娘嬉戏，欣赏

我有。被麻醉了

没有了思想，没有了现实，更没了爱情

我有。被切腹了

只有被摆弄，只有被议事，只有被修复

所幸，只有裸身，才有重生

是返祖，与先辈相遇

上海新华医院

作者2024年在中国黑龙江漠河

## 稻田

稻田，一片接一片
一垄又一垄
我想躺在稻田上

如果可以
咬碎稻谷的醇美暗香
如果可以
我想席卷所有的稻谷

没有风，没有云
只有肉体在沉醉
只有灵魂是清醒

是上苍还是神灵
给予大地的礼物
喂饱了麻雀，却不懂感恩

江苏盐城

# 出

我处在一个峡口

挡不住雨,挡不住风,挡不住雪

更挡不住你的侵犯,爱与恨

一盏灯亮的时间越长

向黑暗讨价还价就越难

可是,有什么好多想

善良一生幸福也好,荒唐一段日子也罢

我要掠夺整个春天,才能前行

我要捕获一个秋天,才能生存

不管疾病缠身,还是锈迹自己

一是天堂,二是地狱

我,总要出发的

　　　　　　　上海新华医院

## 秋天的晚上

太阳西下，余光还残存在街上
麻雀等不及，跳上跳下，叽喳叽喳
我看吃食的样子，很真诚
没一点风，叶子都湿漉漉的
我候着这条街，就为这个排档
只吃一碗鱼汤面，热热的
没痕迹证明，贪吃异乡的味道
是爱你死去活来的感觉
但我确定看见一众美女
飘过大街，如晚霞最后一缕光
暖了，整个大街
车，一辆一辆排队，路口受阻

江苏东台

## 这些年

这些年
我任性去旅行,说走就走
矫情,写过一大批诗
自以为是,幸福地晒出

但是,黎明不因为诗而早亮
但是,黑夜不因为诗而推迟
我如同花朵开在夕阳
我扑腾幸福在生活里

因为,有诗就有远方
回家的路,才不会迷失

江苏盐城

# 果

采摘的时候
蜂拥而至,没有人退缩
种植的时候
培土浇水,人去哪了

是的,采果最美的时节
不想遗漏,毫不犹豫
留下伤口也要忍受
只有阳光分辨是非

伸出一只手,落下一只果
伸出两只手,留下一道痕

      浙江宁波

## 飞鸟

我在一排树丛里坐着
不那么好客,席地而坐
野花茂密,松软
听人说,没饭吃的时候
树丛里有取之不尽的宝贝
蘑菇、木耳、野菜……
救活了村民,喂肥了牛羊
我听着故事,望着树上的鸟儿
叽喳地要与我对话
我举起我的左手
伸向天空,点燃一支烟
期盼鸟儿冲下,衔走
不要带上树梢,而是飞向天空
我想看得远,我想听得远

江苏东台

# 下半夜

灯是熄了,电视机亮着
循环播放着新闻,广告
和作死作活敛财的明星
有只老鼠穿过,动了什么
看一下手机,微信头像是侧脸
隐去的白发,皱纹和丑陋
内心一片漆黑,阴沉
如同预订的墓穴
知道自己的墓志铭
起身,步出房间
手指颤抖,眼睛发晕
夜,飘过的云,也是黑的

江苏盐城双元路宾馆

## 雾，笼罩了我

雾，浓得看不见天，辨不清地
诚惶诚恐，我就被吞噬了
我恨这迷乱的天地
我怨这混沌的尘世

忽见，二个活泼可爱的小孩
欢快得手舞足蹈，忽隐忽现
但我仍看见，男孩清澈的眼睛
也就与世界握手
我也像孩子，纯真一般的灿烂

我知道自己微不足道
如同尘世的一粒星儿
但也想发光，哪怕一瞬也好
为此，我用尽所有的力气
在雾里奔跑，在雾里找寻
即使粉身碎骨，泪流满面
也愿意！

江苏如皋

## 蒲公英

走过你的身边
不是不屑一顾,也不是不曾留意
是不知道你的珍贵,只是太廉价
即使瞬间黄金变成白银
都很少有人稀罕你的存在

或许是地域,海拔,生世
冬虫夏草是天价?你却在街边,草地,河畔
镶嵌大地的边缘,空降大地的生命
无所谓离开这个世界,医治普天下的民众

我终于明白,你不是冬虫,也不是夏草
却在我脚下,触手可摸,伸手可采摘
比明天远,比今天近,时时在眼前
而秋天,是你开花时节,是你飞翔之季

我记住了,是金黄色的,是银白色的
随风漫天飞舞,把爱洒向人间
是真正的大地之子,别名叫地丁
普通的遍地都是,蒲公英

安徽淮南

## 稻谷

有些冷
梦呓,却想你的金黄
一大片稻谷注定失眠

你在风中摇曳,我在冷眼注视
温暖我,抒情我,油画般稻田
我终将被你沦陷,被你降伏
山一程,水一程,你镶嵌其间

日子过得太快,田野也太安静
我欲收拢万里阳光
我想擎起火把燃尽
不看五谷,不想风月

安徽泾县

# 面对大海

面对大海,我不曾怀抱念想
更没在诗意中,灿烂的微笑
有的只是,忍住内心的哭泣

是海洋,还是陆地
离太阳更近,离陆地更远
不难解答,我幼稚的可爱

但我与你的距离是光年
还是近在咫尺呢?

山东青岛

作者2018年在中国新疆喀纳斯湖

## 背影
——写给一面之交的友人

兄弟,我无法直视
你弯曲低垂的身影
如同我不忍看你脸庞
纵横交错的纹理,沧桑

你沉默端杯,热的
你手捏馒头,冷的
坦然,心安,知足
却令我心酸,触动心扉

而我——
揣摩你的昨日
联想你的今天
祝福你的未来

但愿,一切变好

浙江慈溪

## 一院阳光

我能有什么,除了阳光
一米阳光嫌太少了吧
那一院子光,是我的全部财富

你离我那么近
为何战栗,为何回避
是孤独,还是欣喜
人间的悲欢离合
不过是一场盛宴的开启

没有在意阳光的伟大
却还诅咒免费的索取
又嫌无偿享受的廉价

福建厦门鼓浪屿

## 清香

编个花冠一样的托词
找个自我安慰的理由

在今天与明天之间
有太多太多的遐想
趁还能念想,还能显灵
精神抖擞,不辞辛劳

为让自己活得有价值
为让自己死得有尊严
苦苦地折腾,就为那个心魔
点燃,叩拜,苦难就变成醇美

可怜,那一炷香
燃尽,是一阵风
飘散,无影无踪

浙江普陀山

## 樱花

熙熙攘攘，挽着风
簇簇拥拥，牵着雨
悄然而来，默然而去
直扑人的心里去

是否？有史以来
是否？情到深处
拂不去也截不走
枕着过去抵窗棂

所有的风，所有的雨
都背向着你，以及
真的是不期而遇
我没非分之想，也不敢
只想违命一次，就一次
揭开你的面纱
就想跟你一起走

浙江嘉善

## 哭，这个秋天

捂紧胸口，顿足，埋藏自己
何用，该去的总要去
是怜惜，是痛楚，是悲伤
黑夜有多长，月光有多远

若你不知李咏
笑脸映入千万家
金庸，你肯定知道
飞崖舞剑，神雕侠侣
陪一代代人的梦想
不平常呵，这个秋天
带走太多的回忆和追梦
师胜杰、李希凡、单田芳……

躲得过九月的秋风
躲不过十月的秋雨
举杯，为伤感送行

福建泉州

# 远行

我一次次按住内心的躁动
让美好的欲望平复些
过于安宁的日子,毒化了身子
恍惚飞过我书斋的鸟
光阴的皎洁,渴望远方肝肠寸断

真的说不出,忧郁为什么?
每天打扫房间,洗衣做饭
微信聊天,手机
烦了!输了!闷了!
风不停的日子,雨不停的日子
风吹过我的城市,雨浇灭我的欲望

生命的死结,越扣越紧
远方的呼唤,一次次被惊醒
不可思议的事情,点燃不起的心火
在人烟散尽的午夜,在孤单空旷的凌晨
我愿消失在你眼里,直至心里

　　　　　　　　福建漳州

# 潮

只是潮起潮落,没正眼看过
有足够的理由,或悲哀,或沉默
虽然若隐若现,像女人的胸脯

可我还是紧追不舍地想追问
你就为取悦男人,而日夜欢舞
可最终还是短暂,或背信弃义

可是潮起潮落,仍是若隐若现
你永恒地屹立着,我的岛
可爱,却被碾碎得可怕而荒唐

福建平潭

## 汽车在黄土高坡上行驶

到你的城市,不过是短暂停留
但却是这么惬意,与山为伍,与云为伴

雾里握手,连绵的田野
还下深谷,还上天宇
我灵魂在深渊里颤抖
我身体在天空中飞翔
希望快些,再快些
又希望慢些,再慢些

在通往你的城市
多抚摸山脊,河流,丛林,尘土
多欣赏山村,寺庙,果树,庄稼
我真不介意,黄土裹挟我
你赐予我的礼物
一袭发光的战袍

陕西延安

## 向日葵

你来了
从哪来？又去哪儿
说低调，不与大地争辉
金灿灿，迎着太阳
没听说过坡口的苹果
也看过村口黄澄澄的梨
不愿像我一样寂寞
太久，太久
所以，痴心太阳的光芒
我知道
生活的本意，其实是平庸
而当秋后最后一缕阳光
你想给予，不是争宠

陕西雨岔

# 山谷

如果
日月停顿,向前 100 年
山谷将是人声鼎沸
如果
先人有知,倾力传承
山谷仍是一派辉煌

层层叠叠,无法想象
一幅悬崖壁画的壮美
清幽深处,难以比拟
藏匿黄河岸边的李家山
雍正年间,民国时期,改革开放前
风动典籍的瓦房窑洞
穿越百年,历经沧桑

山路崎岖,小径蜿蜒
每一块石头,每一扇窗棂
每一棵枣树,每一片瓦砾
都在泣诉,都在渴望
历史已成往事,岁月正在流逝
整装而来的李家山却正在化蝶

我沉思，在山谷里留下我的背影
黄河依旧滚滚向东流去
而李家山终将涅槃

　　　　　　山西吕梁临县


注：吕梁李家山景区称之"小布达拉宫"

作者2021年在中国铜仁梵净山

# 2017 年写的诗

作者 2022 年在中国广东湛江徐闻

## 车站

老了吗
怎么走错了站
这个空间不属于我
重要吗
至少看清了自己
保存这张车票
心里有些温度

　　　　　　江苏无锡

作者 2016 年在中国甘肃酒泉市敦煌

## 奔跑

难以置信,走错了方向
那一切都无效,接受重来
混个时间,乞怜长久
先走的人,会成为永远
活下的人,背信了诺言
知道必须返回
即使路遥,或是短暂
生命还得诠释
生活还须脱轨
那就奔跑一次
下一个春天,定是山花烂漫

江苏苏州

## 不再年轻

年轻，或许是荒唐的代名词
伴随一生的折磨
很难面对，人世的结果
什么是功成名就，那是别人说
什么是满足欣慰，那是隐秘的
过去的，现在的，未来的
留下的你，留下的他，还有我
最勇敢的，最柔软的，甚至受困的
明确地说，都难以抵达
有什么办法，年龄不再是坎
自欺欺人一次吧
天上的月亮捞不着
水中的月亮捞不起

河北沧州

## 多穿点

我好逞能,穿得很少
以为一件单衣,撑过一个冬季
风沙卷不走我,雨雪压不垮我
不过,还是多穿点

有云的日子,是陷阱
燃烧热烈的火
立马成灰,还不知道在哪
有一种脆弱是跪拜
给谁看,又端给谁
谎言总会有伪装,沉默总会有动摇
还是烧掉想念的时间
多穿点,人还是需要点温暖

        湖南长沙

## 千山

痛吗?抚摸一下膝盖
还是往上攀,疼痛成了风景

自觉重叠了吗?突兀一块石
是谁的影子?你!我!他!
或者任何人,永远无法看见
胡乱猜测,没有落叶的世界
还有千山佛的端庄

那就站着,别坐下
佛不就是一帖药
眼泪拂去你的痛

      辽宁鞍山

## 力量

无数次想过
你的位置,遥远?
似乎移动半步,就在身边
伸出手,一个姿势就能翱翔

其实多年以前,我想过坠落
甚至无数次,哭泣深藏自己
一个卑微的人,只有枯萎
一个偷盗的人,会有幸福
时间是飘摇的,时间是灿烂的
不想枯萎,不想荒芜
刺破自己完整的天空

一种力量,就是一个弧度
生命的永恒,就是站着的位置

辽宁丹东

## 涩口

梦想是沉着的,更是粗糙的
总以为顺风顺水,尽管吃喝
一张真正的钞票,买喜欢的一切
而事实相反,挤在一起的相亲相爱
吞下的,恰似涩口
幻觉爱情是永恒,或是一种痛
容易得到,也容易消失
短的爱情,是尘
长的爱情,是烟
尘在近处,烟在远处

辽宁鞍山

# 远方

远方，到底有多远
十万八千，是远方
近在咫尺，是远方
其实远方，真的一无所有

所谓远方
有的是我欲哭无泪
有的是我无泪哭泣
以及遥不可测的深远

虽然远方自由而又贫瘠
但我不敢触摸幸福
也不愿诉说自己的痛苦
我以为的远方，其实就在我心里

辽宁葫芦岛

## 在你的城市

早就想来，你的名声震天
可你对我不召唤
连一个邀约也没
我没欠你什么

你在我的笔下，成了诗和远方
是最彻底的接近，即使另一个城
你在你没在，都无法缺席我的生活
那些风和日丽，那些千山万水
位置与空间的交换
也是同行的方向

其实，扯下你我的明天
撕碎幻觉的面目
还是低吟浅唱
你就一直在我眼前

K2288 次车葫芦岛站

## 希望有雨

很少下雨,求也没用
很多时,闭上眼睛,张嘴仰面
感觉有雨,苦涩也行

这里农田如画,美得让人不忍离去
无垠的稻田,金灿灿
丰收的苞谷,笑盈盈
我着迷地想,没雨的日子
花也会歌唱,风也会寂静

终究我还是明白,没雨的滋润
依然活好,不会沮丧

江苏扬州

## 去陌生的城市

花枝招展
飘然在这片海域

因为无人相识
那就放纵

只有夜晚
撕下粉饰的脸面

去挖一座矿产
暖心情人的嗜好

不怕众叛,不怕亲离
黎明前,死去也愿意

广东惠州西湖

## 片刻

列车在动
我心在颤
想穿过天空，昏暗

身躯不安
躁动刺心
窄得容一身，下铺

折断了翅膀
不如一口棺材
没有了情欲，没有了思想

我还能怎样
不在黑暗中死亡
就在黑夜里冲破

乞幸！
片刻停顿
只是刹那之间

广东惠州

## 十四行：小友

我盼熄灯
也就看不见你的脸
青春，灿烂，怜惜

我又渴望明亮
也就欣赏甜美的你
纯洁，阳光，美好

若在黑夜里死去
星辰必然会陨落
尘埃无边的岁月
一直吸吮人的精髓

可我不愿错过春天的那场雨
也就不会有悲欢离合的降临
合上眼睛睡一会儿
醒在驿站的相逢不是我

广东惠州站

## 水落远方

有人说：城市的雨水，是五彩的
所以喝桶装水
也就有了矿泉水

受难的不只是城市流动的水
还有受难，我们的干渴
那就去远方
聆听诗歌
沐浴雪水

流动的天空
圣洁的灵魂
水的品质
生命之血

我遥望，我轻抚

广东惠州巽寮湾

## 五月的海

我总在五月出游
在海边
任性地走来又走去
把足印留在沙滩
赠予大海，收藏吧

躺在沙堤
让微风拂过，让海水吻过
面朝大海，已没了幻想
只是我的诗，有些酸楚
和云彩一样映在海中
也留给我，留给女人

我总在五月出行
因为我爱海水凉凉的，阳光暖暖的
正合我滔滔不绝的情怀
和对大海的依恋

广东惠州翼寮湾

## 云水谣

我坐在鹅卵石的栈道上
不言不语地瞭望
陪伴千年古榕树和流过的溪水
美轮美奂的村落
唤醒往日的美丽

她从山里走来
提个竹篮，有鸡鸭，有蔬菜
她走向溪水边
敲打石板，搓衣，洗鞋

我起身回望，久久地
青青的山，潺潺的流水
和隐约的老宅
掩遮不去的画面
已进驻了我心里

福建云水谣

# 雨

我不会哭泣
你暴虐狂泄山下
一夜之间，毁了容颜
漫过村庄，没了麦田
树枝断了，堤岸没了
木头顺流而下，塞进了雨鞋
衣裤，树枝，挂在墙上
莫非是莫奈的抽象画
诗稿打湿，模糊，飘走了
揉碎的情感在洪水里
让远方去阅读，让远方去回忆

村庄，还有炊烟
村庄，还有欢笑

福建云水谣

## 荔枝树王

我想为你洗去尘土
树干上的青苔
我想为你除去小虫
树上爬的蚂蚁

即使昨夜电闪雷鸣
即使今晨洪水如泻
我都愿你，仍一往情深
守着，等着，盼着，我的到来

你在稻田之间
孤独傲立了500年
你在天地之间
风雨交织了500年

若还有上一个世纪
我愿是你尘世的情人
伴你到永远

福建泉州永春岵山镇

## 荔枝树

看见你的花蕊
就看见你的果实
闻不到你醇香
却感受你的纯美
我早来了！你还在睡梦中

我从城市来
我乘大巴来
就为漫山遍野的荔枝树
我走在空荡荡的微风中
满目的枝叶，像情人的长发
在雨中，在夜里，在阳光下
孤独地垂下，飘散
看见的，恋爱的，在月光下
我为你的守护，陪伴
只因你的洁白，纯净

福建永春岵山镇

## 今夜有暴风雨

我从远方来
又到远方去
你没给我安慰
却奉献一场暴雨

天空已没有什么,净空透彻
大地也没有什么,一片汪洋
你无情呵,夺走一年的收成
就连我的祷告也被湮灭
漂在水上的是,黑暗,荒凉

我从远方来
扬起头,走过你的村庄
向远方,翻过你的山岗
我要和你一起歌唱
在今夜的暴风雨中

福建永春岵山镇

## 神木香樟树

抬起我的手
为谁举杯
静默,安谧的土地

半个多世纪
天空的鸟儿,河中的鱼儿
都成了化石,永恒
樟树,神一样的陪伴

风云瞬变,时代更替
无论贫穷,无论荒芜,无论如何
太阳升起的片刻,永远微笑
沉醉的时候,安然入眠

虽经雷劈风摧,依然傲立参天
虽然断枝孤寂,依然坚韧弥香

福建泉州永春岵山镇

## 我在树下坐坐

我在树下坐坐
干干净净,一尘不染
落下,即使满树的叶子
覆盖我,我亦心甘情愿

黑暗裹挟你,大雪刺痛你
灰尘也落满你的全身
你不忧伤,也不混沌
待到明天晴朗,等到来年春暖
你仍在原地守候

我真不忍心,也不忍目睹
与其在远方站着念想
不如坐在你身边仰望

    福建泉州永春岵山镇

## 起风的黄昏

我爬上了山岗
是惊恐的,心跳不已
夜,拉下了脸,像黑包公
山坳。有人家,有狗,牛,鸡,还有蛇
趁夜幕,四处游逛
像迎送恍惚的女神
山顶有庙,有僧侣
僧侣孤寂地走来走去
像灯盏附身,天堂如地狱

我爬上了山岗
头发湿透了,脚迈半步都累
无力呼喊却骄傲,接过朋友的酒杯
想灌醉自己,但还是没有
我把酒杯抛向夜空
寂静的大山没有回复
此刻,我只想化作,布满山峦的榕树
根须,慢慢伸向泥土
枝叶,瞭望着苍穹

福建泉州永春

## 男人也逛街
——在惠安女的故乡

穿着花格的短裤
啃着洪濑的鸡爪
悠闲在海边小镇
想听海风的呼啸
想闻海潮的咸味

走啊！走！
几个惠安女出现
不过是街头的点缀
看啊！看！
列列桅杆的飘起
是等候远方的召唤

夜是如此静谧
灯是如此闪耀
回不了家的男人
逛街是什么？
看满街的衣裙飘过
看满街的秀发拂过

看满街的高跟闪过

而我——

终将失去了归宿

福建惠安

注：洪濑是当地的食品

作者2019年在中国四川成都

## 晚霞

一场雨过后,还是阴天
古镇旁的稻田
美得不想离开
这么灰的天,扣在古镇的上空
这么黄的稻,镶在古镇的周边
我就在田间,我就在古镇
秋风吹散我的头发
雨水未湿我的衣襟
所以,不忍惊吓雀儿的喜宴

夜色渐渐暗下,大地如此辽阔
而我,是从远方来,又要去远方
何时才会明白
不想离开的理由
没有过多的奢望
因为,人生的晚霞
不是最绚丽的一抹

安徽黄山歙县

## 湿润的秋天

烦不烦?

湿润的秋天

揪住心情,烦躁不已

不想动口,不想动手

只怜悯雨下个没完

一辈子的眼泪,想今晚倾泻吗

不知道是执着,还是信仰

在雨中疾走,狂想

在雨中呼喊,振臂

呼喊死去的父亲,母亲,我的爱人

他们在暴雨中,河对岸

他们在裸露的,我心里

是谁打动了我的凡心

湿润的秋天?

那狂躁的雨

是否该停下了!

安徽黄山歙县

# 稻田

我有些怨恨，曾经
我有些向往，曾经

金灿灿的稻田
醉人的谷峰
稻穗在风雨里摇晃
裙摆在稻田里舞动

我没有多想，也不敢多想
压倒稻谷，压到裙摆
月亮看着，虫儿听着
赐予我迟到，还是安慰

每次都这样原始
每次都这样疯狂
一幅绚丽的画面
我的青春，我的荷尔蒙

而今，我再回望辽阔的稻谷
泪水挂满了脸颊

安徽黄山泾县

## 盛夏,敞开吃

泾县的大街
排档一家连一家
不吆喝,不挤兑
静静是一道风景

我疑惑,也坐下
惊讶,从早到晚
甚至午夜,菜香仍袭来
我拿着个海碗
10多个菜,看花了眼
一会儿盛满一碗
有鱼有肉还有煮鸡蛋

我看见很多壮汉吃饱了
三碗四碗喝了再去盛
一个老板一爿店
炒菜煮饭收钱都是他
一结账,才八元
哇噻,不亏吗?

安徽泾县长途汽车站

## 只是现在

我又一次陷入了秋天
多雨的九月，我再次远行
不是因为爱

皖南的秋天，我早已心醉
无法表述呵，雨下的刹那
我哭了几回，而且是掩面

是的，感到你的气息
我按住不动，我为何而来
许多日子我都在想
真的很美？我的皖南
我在体内发声，是夜里
我在天亮出发，是内心

黄山的雨雾，黟县的牌坊
龙川的稻谷，歙县的山峦
还有泾县的古村巷

都印刻在我心里
说不出的那一句话
——我爱你

安徽泾县

作者2021年在中国江西庐山美庐别墅

## 我在泾县逛书店

累了，我走进了书店
还是那么熟悉，还是那么亲切
新华书店，毛主席写的字

我总悠闲在风光里
却少了游弋在书海里
选择与放弃正是时代
交叉的变奏曲

反正风光一样绚丽
反正阅读有空再看
打开的是田野无垠的画卷
冷冻的是内心不安的躁动

还好！我没忘记书店
也没忘记内心的向往
色彩是田野多变的主色调
书本是修行提炼的主旋律

安徽泾县

## 漫步泾县

我漫步泾县大街
静谧得有些心慌
昏暗的有些冲动
若我犯错,拐弯即是
若我不悔,逍遥天明

喜欢泾县的风貌
像版画一样的铮亮
喜欢泾县的民俗
像原味一样的滋养
喜欢泾县的月夜
有舍弃自我的欲念

忧伤的泾县在褪尽
甜蜜的泾县在荡漾
不真,也不假
你就来走走,你就来看看
即使整个泾县是黑夜
也了断你的胡思乱想

因为泾县，你时时处处看到的
金灿灿，一定是稻谷
绿油油，一定是荷叶

安徽泾县

作者2021年在中国天津海河边

## 喧哗

如果说喧哗
那你得罪了鸟儿
只有鸟儿最嘈杂

如果说喧哗
那你责怪了溪水
只有溪流哗哗响

走进这里,水墨汀溪
错综蜿蜒的峡谷
宁静才有了诠释
万物蓬勃
不只是春天才会歌唱
大地广袤
不只是秋天才会爽朗

即使你虚荣
即使你浩渺
即使你否定
宁静一定是致远的

安徽泾县

## 不想诱惑

大地换了秋装
但依然酷热，光亮炫目
稻谷垂下，沉默
莫非是一种引诱
荷花几朵，芬芳
分明是最后的争宠

不管怎样，伤心透了
夕阳穿过脚踝是否留恋
只是微笑，只是若悟
庭院下的溪水里
洗清脚掌的污垢
连皮肤上的色斑也洗去

也是
他在不远处，映在水里
而且不动声色

安徽泾县渣济古镇

## 问题,即刻没了

所有的问题,因鸟的飞去
而烟消云散了

我曾怀疑,是否飞错了笼
禁锢了半辈子
只知道乞求,只知道恩赐
拿出全部的力量歌唱

我太悖论,我太假像
自以为自大,自以为嘹亮
不知来龙去脉,也不知道蓝天田野
只想装扮自己的空间,圈住领地

有天,死亡来临,我想逃脱,我想犯罪
身体内部却居住着鸟,告诉我
问题来了,即刻笼子破了
失去了领地,失去了空间
我属于广袤的大地

安徽泾县渣济村

## 凤阳的午后

雨后的阳光
我在凤阳，花鼓的故乡
满目都是绿色，满眼都是水清

光阴似箭吗？
你也有，我也有
大家平分，大家汲取
为何凤阳，鼓得响，舞得美
只为恩赐天下的粮仓
我们欣赏，我们喝彩

一个个春天过去
一个个秋天来临
凤阳还是那个凤阳
我再听不到鼓声
我再看不见舞蹈
焕然一新
只是后辈们的欢舞

安徽定远

## 留在今天

你就是我
留在今天,我信!

油菜花开时
不遗余力地迎合着春天
连高傲冷艳的女子
都醉倒在你的原野

稻谷丰收了
爱一场轰轰烈烈的焚烧
沉甸甸地想留住秋天
都不忍心开镰

我不曾怀疑春天的绿色
我不曾怀疑秋天的金色
可我怀疑自己的容颜
和为爱重塑自己

油菜花为谁而绽放
稻田又为谁而丰收

我信！我信
给我一个回望的微笑
足够，足够了。

　　　　　安徽定远

作者 2019 年在中国北京长城

## 再见,定远

我都不知道,怎会去定远
看什么?想什么?
一个人的旅行。看见庄稼,野草,河流
噢!原来是小岗村

雨不停地落下,悄无声息
花盛开在田野,饱含秋韵

没有风,就不见树木的摇曳
没有梦,就不赞美夜的深沉
一年又一年稻谷。播种和收割
一年又一年轮回。懵懂与成熟

离开的时候,不想说再见
因为,定远很美!

安徽定远

## 欢喜之夜

夜色很美，灵魂也清澈
我如此放开，赤裸裸地行走
雨水洗过我的身体
全然不顾的欣赏

我曾那么累地活着
不舍得吃不舍得穿
更不疼爱自己的肌肤，头发
甚至忽略自己存在的价值

我还是我，说走就走的旅行
我还是我，一刷就是支付宝
七分裤，瘦腰夹克衫
低筒袜，黑色轻风衣

雨水，从四面八方飘来
时尚，从内心深处涌出

我就是我，两鬓已染霜
依然不忘，今晚的雨夜

只想再深情吻一次

      安徽滁州

作者2024年在中国黑龙江漠河

## 下雨的窗外

我不喝酒，一滴也不
你怼我，不像男子汉

可今晚，举起了酒杯
只一小口，然后伸出窗外
酒，顺势泻下，快速地
我看酒和雨水的勾兑
我想酒和雨水的比重
降落的过程谁最美

往后，我想喝点酒
不想再被忽略我的存在
更不想被毁灭前不知完整是什么
在雨水里浇醒我的迷醉
不如看清酒中乙醇的含量
也就知道，我为何不喝酒

安徽滁州

作者 2021 年在中国甘肃兰州

作者 2022 年在中国云南西双版纳

# 2016 年写的诗

作者 2019 年在中国北京长城

## 梅

站在彼此背后
香气从何而来

感叹人世苍凉
花开寒冬之季

距离遥遥
你为谁而流泪

不愁素人相见
阳光之下绽放

呵，来不及相爱
香味尽散天空

即使化为灰烬
也愿等你一生

上海普陀真如

## 一个人的旅行

就这样出门
方向只有前面
简单的只剩
一张身份证
纸,手机,水笔
和双背包

就这样出门
不知道去哪儿
简单的只需
一个靠背椅
我能看,世界,睡会
还有头脑

就这样出门
挥去寂寞烦恼
融入喧嚣与宁静
还有快乐和精彩
而现在出门
多了一个口罩

四川泸州

## 于是,我拍照

阳光,多刺眼
晒得我身躯发烫,出汗

可我不是逃避的人
至少樱花树下,我躺着

预留的伤口在愈合
未婚妻的面纱在掀开

我怎么会停止爱你
不就是毁灭中诞生的我吗

四川广元

# 后来

在风中微颤,享受早春的阳光
没哀愁不抱怨
生命刹那的短暂

蓝天下云絮,迎接万千游客
傲气不张扬
呼吸自由地闪耀

今天的你,就是后来的我
仰起的微笑
吟诵所有听到的声音

四川德阳

## 踏青

踏青
我以为就是玩
跌宕中悟出人生

踩在葱绿的大地
也就踩着自己的影子
温柔触摸无言的世界

逝去的和诞生的,我们纪念
生锈的和铮亮的,我们领悟
让春天给自己一个允诺

反刍给予的养育
是铸造站立的人格
不是吗?无泪。无声

四川巴中

# 还魂

每次拾级而上
总是心怀虔诚
看见缭绕烟雾
总是扪心自问
是否回到原点

每次点燃香烛
总是跪地叩拜
冥思叩问自己
也问佛,在微笑什么
天门是否会打开?

假如每一厘尘灰
假如每一缕青烟
都是我在述说
魂真的能升天
多么怡然,多么慈柔

我想，在幽静山谷

吹响我那声声竹笛

只给青山，只给蓝天

   四川安岳县圆觉寺

作者 2024 年在中国上海外滩

# 禅

它淡淡的
像月光一样流动
抵御风的侵蚀
流进你的内心
不由你信不信
佛光指引着你

它轻轻的
像山泉潺潺而下
红烛映红天际
也成为你的祈祷
不管你来与不来
佛正在等着你

是箴言？
是信仰？
想被放逐的修行
想被降伏的长跪
悲与欢的交织

白与昼的更替

只为心灵的归宿

只为片刻的安宁

　　　　　四川峨眉山

作者2023年在中国湖南边城古镇

## 女子四重奏
——写在四川灌县一个小村庄

是那一年,稻田不见了
老人无奈地叹息
再不用下地干农活了
就去养宠物玩麻将吧
是那一年?小河没鱼了
孩儿失去了童趣
不再下河捕鱼捉虾了
就去玩游戏看电视呗

耕田变成了丛林
小河成了清水沟
我清晨走着,晚霞跟着
似乎踩着祖先的脊背上
似乎听见先人的低吟声
闻不到稻谷的芳香
农具也锈不成了器

这一年,"女子四重奏"
白婆裙飘舞动着
就在曾经的田埂旁

就在曾经的清河边
是否有人听得懂呵
是否有人识五线谱

但这不影响一道风景
看姑娘的头饰
和那长睫毛，纤纤手指
只是人一听明白了音乐
咬住裙边舞蹈着
而我也想凑过去
我听懂了也看懂了
中国农村的变奏曲

四川都江堰

## 伤痛

兄弟，姐妹
你我，手与手分离得太久
心与心，是血肉相连

凝固昨日雨丝的声音
阻隔昨日万水千山的相通
是否迷失了，是否飘摇了
而我没有看见日落，月出的痕迹
没有看见唇齿的分离
有的是，醒来后的早晨
和泪水流去的方向，是我的家
有的是，躺下后的思念
离愁敲打我的心门

岸与岸，眼与眼
虽然距离遥远
心与心整日交织
因为，岸与岸

都是我的祖国
因为，心与心
都是兄弟姐妹

　　　　　福建泉州

作者2024年在中国北京颐和园

## 忙碌

忙得不可开交
忙得脱不开身
反正忙，忙忙碌碌
这还叫生活吗？

嗯，你在嘲笑我
生活一定太贫乏
没有色彩，没有生气

在太阳下尽情瞻望
在夜空里细数星星
观赏少女的眉间柔情
和镜子里的微笑

我不忙碌，云淡风轻
恬静淡然，这就是生活

　　　　　　　四川成都

## 乡愁

乡愁
已不再是一张
缓缓飘去的邮票
信笺满满文字的泪光
乡愁
也不再是一部
二地一线的电话
倾诉满满内心的挂念
而今的乡愁
是网络瞬间的视频
是一顿饭间的抵达
浓浓的乡愁
是近在咫尺的画面

福建永春

### 在你的城市奔跑

没有灯火点点，却有心中明亮
没有寒气逼人，却有心中暖意
我们在大街小巷短暂相聚
奔跑，跳跃，起舞……

我想把一生的心声，倾诉
我想把人生的祈愿，表达
虽有缠绵，虽有骤雨，虽有哭泣
午夜的惊梦，梦醒的泪痕
今日你就在我身边
我仰望星空，轻轻呼唤
我环顾四周，驻足时光

只有我知道，也只有我明白
隔着雾湿的槟榔树，椰树，芦苇
我怎么目送你远去的身影
抖落我思念的眼泪
何时才能与你再相会

山东德州

## 我的新衣是红旗
### ——国庆 67 周年

我的母亲目不识丁
连自己的名字
都只是颤颤地划个"甲"
可她无惧风雨,默默忠诚
可她无惧重负,担当前行
可她无论死活,永不变节

当我能分辨颜色
母亲将一面红旗
披在我稚嫩的背上
深深地亲吻
轻轻地述说
因为这面旗帜
才有你今天呼唤"妈妈"
才有你走路的欢乐
因为这面旗帜
才有你不再挨饿受冻的温暖
才有你茁壮成长的雨露阳光

我上学的第一天
映入眼帘的就是
冉冉升起的这面旗

老师走到我跟前
剪下旗帜的一角
做成我美丽的红领巾
要记住啊,孩子!
那是成千上万叔叔阿姨
用生命留下的衣裳

我长大了
每次仰望这面旗帜
才明白是无数先烈们
用鲜血染红的旗帜
才明白是先烈的脉搏
筑成灿烂的五角星

每次我跪在母亲的坟前
告慰生养我的母亲
带来的不是一炷香
带来的不是一个叩
而是永驻我内心
一面鲜红的旗帜
是目不识丁的母亲
引领教诲我的未来
她让我明白——

没有这面旗帜的飘扬

就没有我一生的新衣

2016年10月1日国庆67周年上海

作者2024年在中国北京长城

# 股票

一张似乎虚拟
却实实在在诱惑你
飘来飘去的票子
一张想了已久
却忐忑不安纠结你
忽上忽下的票子

曾几何时的疯狂
也就那么一点击
人生就会二重天
侃侃而谈笑对风云
悲欢离合黄泉路

就那么一点击呵
打开人生一扇窗
曲线图表看中国
经济发展百姓梦

股票——
一桌秀色可餐的盛宴
亦真亦假的魔牌

让疯狂的人安静
让理性的人舞蹈

股票——
一网触不可及的鱼池
风雨莫测的魔床
让智者满载而归
让弱者受益清醒

股票——
我的人生我的梦

上海

作者2016年在中国甘肃敦煌月牙泉

## 街边坐坐

有些累
那就街边坐坐
不在乎椅子上的尘灰
不在意被裸露的皮肤

快乐或许是一种习惯
快乐或许是一种放纵
望一会儿天空
望一会儿行人
就是不敢多看天空太阳
肆虐我裸露的肌肤
刺伤我明亮的双眼

我要穿一件单衣
迎接五月的到来
我构想着明天
调整今天的行程
面对自己的目的地
意识到梦的延伸

不是英雄能成就的
何况自己不是英雄
那就先毁掉自己
才有生生,才有息息

　　上海普陀区武宁路大桥

# 2015 年之前写的诗

作者 2019 年在中国北京长城

# 井冈山（组诗）

（一）

多少人还记得
这片土地
曾是火把汇聚的地方
因为一个人的召唤
而燃遍中国大地

多少人还记得
这片土地
曾有工农汇聚成的部队
因为要想当家做主人
用生命筑起长城

让火种点燃每一个角落
让根据地扎在民众心里

（二）

漫山的杜鹃
沉醉了一片天地

在我看来
是无数红军的化身
映红了苍穹
遍野的杜鹃
唤醒了一片天地

在我看来
是红军的生命之火
燎原了大地
没有这片红色的土地
哪有960多万平方公里的绿色

我仿佛看见
前仆后继的英雄
血染的疆土
我仿佛听见
宁死不屈的英烈
最后的呐喊

漫山遍野的杜鹃
猎猎红旗的飘扬
是万物生长的中国

（三）

走过您住过的屋子
总感觉您在屋里安睡
不忍心打扰
静候在园里
想您会踱步我们中间
微笑指点江山

多少年过去
您依然驻在我们心里
每一次招手
每一个微笑
每一句话语
都温暖着
都激励着
都澎湃着
坐在您住过的屋边
感觉您对我们谆谆教导
久久不愿离去
虽两界相隔
感觉您在聆听老百姓心声
心灵直通天下

多少年过去

您还活在我们身边

您不敛财

您不名利

您不崇拜

荣誉归集体

权力交人民

一生献民族

您不朽的思想

如一面飘扬的旗帜

信仰永恒

您一世英名

已化为民族的精神

屹立东方

2015年4月写在井冈山

## 长春雕像

我就那么看一眼
却让我无法忘怀
一尊铜铸的雕像
撑开强劲的四肢
赤裸着呐喊
向天振臂
向地呼喊
雄性的力量,光芒四射
意志的力量,征服世界

　　　　　　吉林长春市政府广场

# 祖国

在我心里
祖国是一种信仰
是毋庸置疑的忠诚

在我看来
祖国每一寸疆域
都好似我身上的皮肤
完整的无法剥离
祖国每一条江河
都好似我全身的血管
鲜活奔腾的生命
无论祖国的昨天
被列强撕裂围剿
百年的沦丧屈辱
无论祖国的贫穷
水洗一般的饥渴
百姓的磨难中求生
无论祖国曾经衰落
被西方冷眼旁观
祖国屹立在东方

在我心里

祖国是一种热爱

是无法改变的坚定

我幸福！我骄傲！

在祖国的版图上游走

在祖国的蓝天下飞翔

——因为我明白

我的生命来自这片土地

我的灵魂回归这片土地

虽然她曾带给我伤痛

可我仍然至死不渝地

——亲吻我的祖国

2015年2月8日写于广西明仕田园

## 背影

不是我不爱你
只是我看见满山的杜鹃
随风摇曳
那么妩媚
那么诱惑
你在陡峭的山崖
你在高高的枝上
我真不敢靠近
只想远远地欣赏
放手那刻
或许是最美的记忆

不是我不在乎
只是我看见满山的杜鹃
迎风飘去
那么艳丽
那么自由
你在湛蓝的天空
你在广袤的大地
我真不敢触碰

只能盈泪地回眸

留个背影

能映入晚霞的山谷

　　2015年4月井冈山

作者2024年在中国北京颐和园

## 别忘了！纪念
——祈祷今天的日子

祖国曾被列强瓜分

如同母亲遭人凌辱

祖国曾是满目疮痍

如同母亲衣衫褴褛

山河破碎

民不聊生

只因软弱，只因贫困

而今天

红旗飘扬在蓝天

战机掠过天安门

气吞山河

所向披靡

只因尊严，只因自信

不忘曾经的屈辱

才有今天的欢歌

2015年9月反法西斯胜利70周年

## 家乡的黄泥路

每个季节的萌动
我就揣测花的开放
像四季的天空
都有灿烂的画面

我喜欢的事,是去村外找寻
路呢?已不再拈花惹草
更不会黏我一脚的黄泥
路,早已被水泥覆盖,连路都没

其实,我还是有些伤感
虽有些模糊,仍鲜活在心中
给我奔跑的青春,滚一身泥的欢乐
如果给我一次握手,甘愿回到从前

       浙江嵊州

## 雷锋,你在哪?

你还知道雷锋吗?
他曾像我的邻居
时常浮现在我们眼前
给我们前行的力量
给我们带来了温暖
也是我们前进的灯塔

你真还知道雷锋?
不只是曾经的记忆
不只是口中的词儿
不只是遮脸的标签
不只是街边的广告

雷锋——
我社区的邻居
我身边的旗帜
我榜样的力量
我似乎看不见你灿烂笑容

我似乎听不见你谆谆教诲

可我心里却千万次地呼唤

我们的邻居——雷锋

2015年3月写于辽宁抚顺

作者2018年在中国新疆天山

# 村庄

红红的苹果

绽放它的笑脸

挂在高高的山坡

悠闲的狗儿

摇着它的尾巴

匍匐在黄河的岸边

闪着金光的黄河

欢快又雀跃,拐个大弯

缠绕着静静的村庄

没有喧嚣,没有尘埃

只有那悠扬的歌谣

只有那袅袅的炊烟

和那一张张

红红向天欢笑的脸庞

甘肃白银黄河石林

## 沙山

一眼望去
漫漫黄土飞扬
千峰万仞
如同士兵列队出征
苍凉且悲壮
苍凉的仿佛是一部史诗
悲壮的仿佛是一种精神
俯瞰跳跃的黄河
我看到的是中华民族之魂
我听到的是万马奔腾之声

　　　　　　甘肃白银石林

作者 2016 年在中国甘肃敦煌

## 黄河畅想

难以置信呵
淌过我脚下的河
急流向东的清澈
是我印象中的黄河
我去过壶口的瀑布
翻江倒海
我游历过沙坡头
混浊汹涌
我高唱《黄河大合唱》
气势磅礴
黄河——
是我心中神圣之河
我脱下鞋子
徜徉黄河之水
我忽然感到
是母亲涓涓乳汁
我走过沙滩
鹅卵石坚硬

我仿佛感到

是母亲坚韧不拔

我仰望远处的石雕

母亲的身躯

屹立在黄河岸边

我好像听见

滔滔天上之水

滚滚而来

是母亲的呼唤

洗涤我的灵魂

觉醒我的中国梦

2014年写于兰州黄河边

## 记忆拉萨

命中注定我要去，高原反应
被折磨，被摧残
甚至不惜生命，奔去

云低得妩媚，是我的心灵吗？
湖清的透亮，是看破了红尘？
青稞在晃动
牦牛在游走
天堂在喜宴
远处的田野在欢腾着
羞涩的情人在舞蹈着
我也狂舞，我也纵情
只是一寸，一尺，一米
只是一跪，一叩，一趴
向前，向前，再向前

用我的青春，用我的生命
不曾含糊，不曾否定
筑就我一条信仰之路

西藏林芝

## 你的背影

拉萨
我心里神一样的地方
手向上,摘下一片云彩
手向下,揽出一地彩虹

你的背影
犹如一堵墙
容我靠一靠
生命的油灯
重新燃起

夕阳西下
我依然看见你的背
只是隐约成一座山

我,日日的念想,拉萨
我,远远地抚摸,拉萨

西藏拉萨

## 当经幡飘扬

因为有风
经幡才会吹响
五颜六色
似你头发飘扬

我曾走进西藏人家
没有想象的神秘
我手握住强巴的手
没有感受他的忧伤

藏家的廊柱很粗，很圆，红红的
我不明白是否撑得起一座雪山
藏家的土墙上，画满了佛像
我知道是平安，祈福

每次起风的时候
我看屋顶的旗杆上
山坡垒起的石块上
一面面五彩的经幡

是向天堂的呼唤
是用心灵的祝愿

西藏林芝

作者 2022 年在中国四川广安

## 妈妈,您 60 岁呵

妈妈,你 60 岁了
我想了好久好久
可我还不知道送什么礼物给您
才能表达我的真情实感
为了您
我愿一生守候您左右
更愿奉献青春和生命
因为我明白
我一切一切都是您给予
没有您一针一线缝补
我怎能花样年华的成长
没有您一砖一瓦修筑
我怎能安然灯下的习读
没有您一步一脚地攀登
我哪有蓝天碧水的欢愉
妈妈,我没有礼物给您
可您能接受儿子深情的拥抱
在您 60 岁的生日时

我满含热泪地对您说

我爱您

——妈妈

2009.9.30 写于上海

作者 2023 年在中国上海杨浦北外滩

# 行走

我不想关在屋里
电视,电脑,手机
让自己偷笑地入眠
我也不想闷着
啤酒,香烟,闲聊
让自己沉湎地陶醉

一个背包一张卡
去哪儿都不知道
眺望夕阳西下的地方
就是我夜宿欢歌的地方
没有了回望的记忆
没有了莫名的忧愁
闪亮的天空,是舞动的翅膀
广袤的土地,是宁静的心灵
不为看最美,而去跋山涉水
不为见挚友,而去日夜兼程
更不为所谓成功而一路高歌

你看到的只是青山绿水
而我感知的恰恰是
激情澎湃的向往
和拂动我心扉的时光
以及洗去世俗的尘埃

上海浦东

作者 2024 年在中国上海外滩源

## 有一种幸福叫感恩

不知怎想

我住进 30 元一夜

火车站旁,小巷深处的旅店

只想窥探那是什么?

床吱吱作响如舢板船

被湿漉漉的像层硬壳

14 寸电视闪着雪花

隔壁传来打情骂俏声

我呆呆地站着

没有毛巾,茶杯,拖鞋……

有的是辛酸的灰白色墙

有的是摇曳的昏暗灯光

有的是扑鼻的陈杂味道

透过走廊的窗

我看见匆匆闪过的身影

或许是去抢蹲位

或许是去赶火车

或许是去拎个盒饭

回想自己的童年

母亲也曾拉着我住过

黑咕隆咚老家的客栈

我哭喊死抱娘的腿

以为母亲将我送人

而今一个人的旅行

畅游自己的心灵

不再因为任性

而羞涩自己的行囊

我睁眼和衣躺着

一栋一栋旅店

一层一层排屋

一间一间客房

一个一个蜂巢

是怎样的人，似我的童年

又为什么而奔波生存

一夜30，20，15元的客房

我转身退了房

冲进漆黑的午夜

刹那间我泪如雨下

内心激发出的感恩

是珍惜今天的幸福

2015.2.5 广西南宁火车站

www.ingramcontent.com/pod-product-compliance
Lightning Source LLC
Chambersburg PA
CBHW081152070526
44583CB00021B/2809